あなたの中に眠る
才能を楽しく
お金に変える！

「教える系副業」のはじめかた

TATSUYA SENDO
仙道達也

はじめに

政府が「副業元年」と名づけた2018年から数年が経ち、副業を解禁する企業が多くなっています。

2020年のマイナビの調査によれば「副業・兼業を認める企業」は49・6%と、調査対象の半数にのぼっています。リクルートやLINEをはじめ、大手企業でも副業を容認するところが増えてきました。

この「副業」に対するイメージは、世代や境遇によって大きく異なるようです。公務員や終身雇用の意識が強い大企業などでは、「副業は組織に対する裏切り」というネガティブな印象があるかもしれません。

一方、多様な働き方を尊ぶ若い世代やインターネット関連の企業では、副業は会社に依存せずに自分のキャリアを開発する新しい働き方で、自由で自立したもの、かっこ良くて先進的なものというイメージが強いようです。

この本を手に取られたのは、おそらく「副業」をポジティブにとらえていて、これからやってみたいという方々、あるいはすでに始めているという方々でしょう。

しかし「副業」をやってみたいと漠然と思っている方のなかには、実際にはほとんど行動していない、という方が一定数います。私は副業や起業した方向けに、集客やマーケティングのノウハウをお伝えしていますが、そのような方にたくさん出会ってきました。

行動できない方は、大きく分けて3パターンあります。

一つは、何をすればよいかわからない――つまり知識の不足です。

もう一つは、知識はたくさんあるけれども、自分にはできないと思ってしまう――つまり考えすぎて動けないというものです。

最後の一つは、他人の目や批判が怖くて動けない――失敗したら笑われるのではないかとか、他人に迷惑をかけるのではないかとか、ネガティブなことばかり考えて行動できないというものです。

もちろん、それぞれに対する解決策はこの本のなかに書いてありますが、どのパターンにも共通する課題は、「ゴールが決まっていない」ことです。

仮にあなたが、「私は、ライターとして月50万円を稼げるようになったら会社を辞める」というゴールをしっかりと決めているとしたら、「じゃあ、ライティングで報酬を受け取るにはどうすればよいのか」と考えて「ライター募集」のサイトをチェックして応募したり、ブログやＳＮＳで渾身《こんしん》の記事を書いてメディアに送ったりするはずです。

しかし、「副業で月10万円くらい稼げたらいいなあ」とか、「副業で月30万円稼げるなら会社を辞めたいなあ」くらいの気持ちでいると、しっかりとしたゴールや目標になっていませんから何をしていいかもわからず、行動にも移せません。

ゴールの設定には「目標収入」の他に、「何をやりたいか」も欠かせません。「副業」を選ぶ方のなかには、もちろん多くの「収入」を得たいという気持ちもありますが、「自分らしい仕事」を求めている方も大勢います。

ここで大切なのは「何をやるか」と「目標収入」が連動していることです。もしあなたが「副業」で「トロンボーンの演奏」をしたいという場合、多額の収入を安定的に得るのはかなり難しいでしょう。

一方で、比較的安定して多額の収入を得やすい「副業」もあります。それが、この本のテーマである、「教える系」の仕事です。

私が経営しているマーケティングフルサポートが支援している方のなかには、「副業」であるにもかかわらず、平均して月１００万円の収入を得ているという猛者《もさ》が少なくありません。「本業」よりも多くのお金を安定して稼げるようになった方のなかには、会社勤めを辞めて「起業」したり、自らの会社を設立したりする方も多くいます。

私がこの話をすると、「副業」を開始する前の方や、「副業」でほとんど稼げていない方は、たいてい「信じられない」という顔をします。自分たちの考えている「副業」で、そこまで稼げるイメージがまったくもてないのでしょう。

なぜ「教える系副業」がそれだけ稼げるのかというと、販売しているのが「知識」ではなく「成果」だからです。単に情報や技術を教えるだけではなく、相手が何としてもやり遂げたいと思っている目標を、マンツーマンのトレーニングなどで達成まで導いていくことができれば、それが困難な課題であればあるほど、対価は高くなります。

私は今、パーソナルトレーニングジムに通っていますが、その価格は入会金とマンツーマントレーニングコース50分×16回でおよそ30万円でした。それでも、確実に体脂肪が減少してやせられるのであればと、多くの人が契約しています。

人は、情報を得るためだけであれば、比較検討して相場程度のお金しか出そうとしませんが、本当に自分が必要としていること、なんとしても成し遂げたいと思っていることが達成できるのであれば、出せる限りのお金を払ってもいいと考えるものなのです。

私自身、インターネットでの集客を教えるマーケティングコンサルタントとして「副業」を始めて、1年目で年商1000万円以上、「本業」にして会社を設立した現在で、年商を億以上に伸ばし続けているのは、多くのお客様のそうした願望を叶えることができたからです。

あなたが今「副業」で月1万円しか稼げていなかったとして、それが月1000万円稼げるようになったとしたら、あなたの人生は大きく変わると思いませんか？

あるいは、これまでにまったく「副業」をしたことがなかった人が、会社から支払われる給与に加えて、「副業」によって月30万円の収入が入るようになったとしたら、人生が拓けると感じませんか？

この本は、あなたの「人生を変える」ためのパスポートです。もちろん、パスポートがあっても、行動しなければどこにも行けないのと同じで、この本を読むだけでは何も起きません。

しかし、今いる場所を離れてどこかに行きたいと本気で願うのであれば、パスポートは強力な武器になります。まず、あなたがどこまで行けるのかを知るために、この本をぜひ最後まで読んでみていただきたいと思います。

Contents

STEP1
自分の好き・特技を再確認して「強み」を知る

STEP2 好きなことを誰かに教える経験を積む

STEP3 同業者と差別化して自分が勝てるポジションを見つけ出す

STEP4

ウェブを駆使して全国各地から「お客様」を集める

終章

「副業」が「本業」を超えたとき。新しい人生に向けて考えておきたいこと

序章

週末も誰かに雇われる副業はナンセンス。「好き」を「お金」に変えれば人生はもっと動き出す

短時間で高い副収入を得られる「教える系副業」とは

みなさんは「副業」にどのようなイメージをもっているでしょうか。

一言で「副業」といっても、世代や境遇によって、そのイメージは実に多種多様です。

たとえば年配の方は、「内職」のイメージをもつことが多いようです。箱を組み立てたり、製品にシールを貼ったり、データ入力をしたり、主婦の方が家計を助けるために行うものです。

一方、若い方の場合は、会社に勤めながら就業後や週末の空いた時間を使って行う、スモールビジネスをイメージすることが多いようです。よく言われるのが、「アフィリエイト」や「せどり」、そして個人輸入などのインターネットビジネスです。世界中の誰とでも手軽に取引ができるようになり、「副業」の敷居はぐっと低くなりました。

その他、ライティング、デザイン、イラスト、翻訳など、専門性の高いスキルを「副業」として活かす人も増えています。

このように多種多様な「副業」ですが、もし共通するものがあるとするなら「収入を得る」ことです。「副業」の「業」は「生活を支える仕事」を意味するので、副業禁止の会社でも、無償のボランティアまでは禁止されていません。

ですから「副業」といえば、大なり小なり「収入を得る」ことが目的になります。

では「副業」をしている方は、その「副業」でいったいどのくらいの収入を得ているのでしょうか。「副業」ですから、もちろん「本業」である会社勤めの給与よりは少ないはずです。月1万円とか3万円の方もいれば、月10万円、15万円の方もいるでしょう。

しかし、私の提唱する「教える系副業」であれば、月30万円から100万円の副収入も夢ではありません。いったい、どのようにしたら「副業」でそこまで稼げるようになるのでしょうか。

「教える系副業」といっても、いわゆる学校や塾の講師のように時間やコマ数で報酬が決められているような、自由な時間があまりない「副業」では、大きく収入を伸ばすことはできません。しかし、時間ではなく、成果に対して報酬が支払われる仕事であれば、収入はほぼ天井知らずに上がっていきます。

どんな仕事も「教える系副業」に転用できる

「教える系副業」が良いと言われても、誰かに「教える」ことをしたことがない、あるいは、本業では「教える」こととは無関係な仕事をしている、という人も多いでしょう。

まず理解していただきたいのは、どんな仕事のなかにも「教える」要素が多少、含まれていることです。

たとえば、イラストレーターという仕事の範疇《はんちゅう》には、お客様から「これこれこういったイラストがほしい」という依頼を受けて、必要があれば追加で質問をしてお客様の意図をしっかりと理解するとともに、場合によってはできあがったイラストについて「この構図にはこのような意図があって、こういった要素が含まれていることで、見る人にこれこれの感情を引き起こすことができます」などと説明することが含まれています。

ですから、私は「教える」ことができない人はいないと考えています。

むろん、イラストレーターの仕事のなかに「教える」ことが含まれているからといって、メインはイラストを描くことですから、それをもって「教える系副業」とは言えません。

なので、もしあなたがイラストレーターで、「教える系副業」をするのであれば、たとえば「イラストの描き方を教える」ことがまず考えられます。なぜイラストそのものではなく「イラストの描き方」を売るのかというと、そのほうが高く売れるからです。

あなたが売れっ子のイラストレーターでない限り、おそらくイラストを売るよりも、イラストの描き方を売ったほうが、まとまった金額を早く稼ぐことができます。

他の仕事でもたいてい同じことが言えます。

コーチングそのものよりも、コーチングのやり方を教える講座のほうが高く売れますし、カウンセリングそのものよりも、カウンセラー養成講座のほうが高く売れます。

「個人輸入を代行します」でもニーズはありますが、「個人輸入のやり方を覚えればメルカリやヤフオクで収入を得ることができます」のほうが、お客様が多く集まります。

人間は、その場限りではなく長く使えるスキルや資格が欲しいと思うからです。

ですから、私は「稼ぎたいなら教える系副業」と考えています。

教えるほうなら、相手の成長が見られて楽しいですよね。

営業が苦手、やりたくないという人が集客する方法

「教える系副業」を苦手と感じる方のなかには、コミュニケーションを苦手としている人が一定数、いるようです。

たとえば、写真で稼ぎたい、アートで稼ぎたい、文章で稼ぎたいという人のなかには、コミュニケーションに苦手意識があるという人もいますが、そんな人でも実際の仕事のなかでは教えたり、教わったりのコミュニケーションをとっているのは前述のとおりです。

まったく他人とかかわらずにすむ仕事というものはありません。

あるとするなら、デイトレーディングなどの有価証券投資ですが、それは仕事というよりも投資です。まったく他人とかかわらない副業を目指すなら、投資も良いかもしれませんが、元手となる資金が必要ですし、失敗すればあっという間に大金を失うというリスクもあります。

また、個人で行う「副業」は他の人に雇われたり、組織に所属したりするようなものではないので、自分で営業することが欠かせません。特に、単価の高い「教える系副業」で

は、黙っていてもモノが売れていくことはないので、セールストークやクロージングなどの営業が重要になります。

そもそもモノを売るという行為には、そのモノの使い方を「教える」という要素が多分に含まれています。営業のことを「提案営業」とか、「コンサル営業」と呼ぶことがありますが、それはその商品やサービスが新しければ新しいほど、どんな効果があって、どんな結果を引き起こすか、お客様が知らないことが多いからです。

その意味でも、「教える系副業」をするのであれば「営業」の勉強も大切になります。

私は「副業」には営業は必須だと考えていますが、実は一定の段階までの営業は、対面でなくても行うことができます。それが「ウェブマーケティング」や「ウェブ集客」と呼ばれる、ライティングや動画による営業です。

営業が苦手だという人でも、ウェブマーケティングやウェブ集客であれば、比較的、抵抗を感じずに行うことができます。

もちろん、ウェブマーケティングやウェブ集客も営業ですから、お客様に対して商品やサービスの効果や効能を「教える」ことは必要になります。

ですから、「副業」をするならまず、「教える」ことをがんばるという意識が大切です。

もしかすると、ウェブマーケティングやウェブ集客も含めて、営業はいっさいしたくないという人もいるかもしれません。その場合は、マーケティングや集客や営業を他の人に代行してもらわねばなりませんが、最初はなかなか難しい道です。

というのも、たいていの「副業」は、スタート時点では数千円、数万円の収入しか見込めませんから、他人を雇ったり仕事をお願いしたりする余裕がありません。そのため、できることはなんでも自分でやるという意識が重要になります。

それでも、あなたがどうしてもマーケティングや営業をやりたくないというのであれば、それらを代行してくれるパートナーが必要です。その場合にも、その人に何をやってもらうか内容を理解しておく必要があります。

自分に売る権限があるほうが、収入を増やせる

私がマーケティングや集客や営業、セールスを自分でやったほうがいいと思うのは、そこがいちばん収入を増やす肝になっているからです。

想像してください。

ここに、まったく同じ能力で、まったく同じ仕事をしているAさんとBさんという二人の人間がいるとします。

Aさんは会社に雇われています。Bさんは個人事業主として自分で営業をして仕事を選んでいます。二人の忙しさや仕事の時間が同じだとしたら、どちらがより多くの収入を得ることができるでしょうか？

Aさんは収入の決定権を会社に握られているので、どんなにがんばったとしてもすぐに収入アップにつながることはありません。

一方のBさんは自分で価格をつけることができますから、手間ばかりかかって価格の安い非効率な仕事は断って、価格の高い仕事だけに時間を使うことができます。

Aさんを選んだ方からは、疑問の声が上がるかもしれません。

会社に雇われていれば安定して収入を得られるし、自分で営業をするBさんの場合は仕事がゼロということもありえるのではないか、というものです。

もしBさんが営業で仕事をまったく得ることができなければ、たしかに収入はゼロになります。そのかわり自由な時間が残りますから、そこで集客や営業をすることができます。

さて、ここで質問です。

Bさんは、それだけの時間を集客や営業に充てて、本当に仕事をまったく得ることができないのでしょうか。

そんなことはないと思います。

AさんとBさんの能力はまったく同じという前提ですから、Bさんがどんなに営業しても仕事を得ることができないくらいの能力しかもっていないのだとしたら、Aさんもまた会社に雇ってもらうことができないはずだからです。

もし、Bさんが仕事を得ることができないのだとしたら、それは、集客や営業のやり方をまったく知らないか、間違っているかのどちらかです。

そこで再び想像してください。

もし、マーケティングやセールスを自分でできるのだとしたら、AさんとBさんのどちらがより多くの収入を得ることができるでしょうか?

おそらく、マーケティングやセールスにかかる時間を考慮に入れたとしても、Bさんのほうがより多くの収入を得ることができます。

AさんがBさんと同じくらい成果を上げたとしても、会社はマーケティングやセールスにそれ相応のコストをかけているので、そのぶんはAさんの収入にならないからです。

利益を上げるコツは、「時間」ではなく「成果」を売ること

もう一つ、収入を増やすポイントがあります。

それは「時間を切り売りしない」ことです。

人の能力はそれぞれ異なるかもしれませんが、平等なことが一つだけあります。それは与えられた時間です。

1日24時間、1年365日は、どんな人にも平等に与えられています。フルタイムで働いている人は、平日は本業に拘束されている時間が長いため、どんなにがんばっても勤務終了後の数時間と土日くらいしか、「副業」に充てることができないでしょう。

この限られた時間内に「副業」で収入を増やしていこうとするのであれば、1時間当たりいくらといった報酬体系で働くべきではありません。

あなたの時間ではなく、相手が得られる価値を基準に価格をつけるのです。そうすることで、同じ時間働いても、あなたの得られる報酬はどんどん高くできます。

そもそも、時間に対して支払われる報酬は不合理です。

拘束時間に対して報酬が発生する場合、手を抜いて働いても、汗水たらして一生懸命働いてお客様から感謝の言葉をいただいても、同じ報酬ということになってしまいます。おかしいとは思いませんか。

多くの会社は、みなが真面目に仕事をするという前提のもと、社員を時間で拘束していますが、実際には仕事の成果を上げる人と、そうでない人に分かれます。

イタリアの経済学者ヴィルフレド・パレートが「80：20の法則」で提唱したように、多くの会社では、2割の社員が8割の売り上げを生み出しています。そうした人たちが経営に必要なことをすべて覚えて独立したら、売り上げを上げることはそれほど難しくないはずです。

とはいえ、マーケティングやセールスから商品やサービスの開発、そして財務や税務や経理までのすべてを覚えて一人でこなすのは大変なことです。待遇に満足していれば、あえて独立の道を選ぶ人は少ないでしょう。

しかし、この本を手に取られたみなさんは「副業」をしたいという方ばかりです。

商品やサービスの企画や開発からマーケティングやセールスまでのすべてを一人でやる

といっても、最初はそれほど難しくありません。

なぜならば、「教える系」の仕事では、商品やサービスもマーケティングもセールスも、すべてはお客様に「教える」ことにつながっているからです。

誰でも誰かに「教えられる」ものをもっている

ここまで話すと、自分には人に何かを「教える」ことができるほどの知識がない、と言い出す人がいます。

本当にそうでしょうか。

「知識」や「情報」というのは、相対的なものです。

たとえば、私がいくらマーケティングに詳しいといっても、世の中を探せば、私よりもマーケティングの知識をもつ専門家はいくらでもいます。そのなかには私の師匠も含まれます。そのような方々に対しては、たしかに私が「教える」ことはほとんどありません。

しかし、視界を逆に転じれば、「副業」を始めたばかりでマーケティングの知識がほとんどないという方がたくさんいます。それらの方々に対しては、私はいくらでも役に立つ情報を「教える」ことができます。

このように、あなたが自分は何の専門家でもないと思っているとしても、特定の分野においてあなたよりも知識の少ない人はいくらでもいます。その方たちにとってはあなたの知識は、ぜひとも教えてもらいたいものであるかもしれません。

もっと簡単な例を挙げてみましょう。

もしあなたに子どもがいたとしたら、もちろん、あなたはその子どもに読み書きや算数の足し算、引き算を教えることができます。

あなたが中学生や高校生だったときも、新入部員として入ってきた部活の後輩に教えてあげられることはいくらでもあったはずです。

そして会社に入って3年も経てば、新卒で入社してきた社員に仕事を教えなければならなかったはずです。

あなたが「教える」ことのできる相手、「教える」ことのできる知識は、自分が気づいていないだけで実はいくらでもあるのです。

もっといえば、「教える系」の仕事でいちばん大切なのは「知識」ではないということです。もちろん「知識」も大切ですが、それは仕事をしながら勉強することでいくらでも蓄えることができます。

それよりも重要なのは、お客様の「価値」を信じて、お客様自身にその「価値」を教えることです。

多くの人は自分自身の「価値」に気づいていません。

つまり「自己肯定感」が低いので、すぐに「自分には無理」「自分にはできない」などとあきらめてしまいます。

お客様自身ですら信じていないお客様の「価値」を見抜いて、「教え導く」ことができれば、あなたは「教える系」の仕事をする才能があると言えます。

「教える系」の仕事が「副業」に向いている理由

「教える系」の仕事が「副業」として有利な理由は、他にもあります。

それは、比較的元手がかからないことです。

たとえば、モノをつくる仕事であれば、原材料の調達費用や、製作の時間がコストとしてかかります。モノを売る仕事であっても、仕入れのコスト、在庫を保管するコスト、そして売れなかった場合の管理コストがかかってきます。

しかし、「教える系」の仕事の場合は、モノを〝仕入れる〟必要がありません。知識を蓄えるために勉強というコストはかかりますが、一度、自分のものにしてしまえば、その後の商品化にコストはかかりません。しいて言えば、時間をかけてより良い商品やサービスを企画開発する必要がありますが、それは他の仕事でも必要な最低限のコストです。

ここで、疑問が湧く人がいるかもしれません。

「教える系」の仕事は「副業」に向いているかもしれないし、自分にだって人に「教える」ことができる分野はあるけれども、そこに需要があるのだろうか、と。

たしかに、小学生に算数を教えるといったような仕事は、一見、誰にでもできそうです。ただ、すでに学習塾や家庭教師が多数存在しており、参入する余地がないようにも見えます。教え方についての知識や経験が豊富で、ベテランの教師も多くいますし「副業」として新たに始めても市場競争が厳しそうです。

でも、ちょっと考えてみてください。

お客様――この場合は小学生の保護者は、たくさんの学習塾や家庭教師のなかから、どのようにして仕事を頼む相手を見つけるのでしょうか。

もしもナンバーワンの家庭教師が世の中に存在するとしても、その人の時間には限りがありますから、何千人もの子どもを直接、教えるわけにはいきません。もし、その人が、自分で直接教えるのをやめて、学習塾のフランチャイズチェーンを展開したとしたら、かなりのお客様を集めることができるでしょうが、なかにはマンツーマンの家庭教師のほうがいいという方もいるでしょう。

実は、市場が大きければ大きいほど、お客様のニーズやウォンツは多様になります。たとえば、多少スパルタで厳しくても中学受験に合格させてくれる教師がいいとか、うちの子どもは神経質なので優しく手取り足取り教えてくれるお姉さんがいいとか、サッカーの好きな子どもと話の合うサッカー好きの学生さんがいいとか、お客様の求めているものはさまざまなので、あなたの特性に合ったお客様が必ず見つかります。

もちろん、たまたま見つかった最初の一人だけではたいした収入になりませんが、そこをきっかけとして経験を積んで、自分の「強み」を見つけ出して「子どものテストの点数を60点上げる勉強法」とか「勉強嫌いの子どもが自分から毎日勉強するようになる学習法」などと売り込むことができれば、お客様はどんどん増えていきます。

最初から「濡れ手で粟」の大儲けはできませんが、1年間がんばることができれば、立派な「副業」として安定した収入を得られるようになります。

学歴なし、資格なし、職歴なしの私でもできた

それでも「私には無理」と思ってしまうあなたに、とっておきの話をしましょう。

それは、私自身が、まったく何の知識も経験もないところから「教える系」の仕事を始めたのにもかかわらず、1年目で「年商1900万円」、2年目で「年商5000万円」、3年目で「年商2億9000万円」と、自分でも驚くほどの成功ができたということです。

といっても、「最初から才能があったのでしょう」と考える人もいるかもしれませんので、どれくらい私が何ももっていなかったのかを、お恥ずかしながら披露します。

まず、私は大分県で会社員の父と専業主婦の母との間に生まれ、「何の特技ももたない普通の人間」として子ども時代を過ごしました。

おとなしい性格だったので、学校ではクラスメイトからよくバカにされていました。今

だったらイジメとされるようなことも、何度かありました。

高校時代は勉強もスポーツもできず、友達も少なく、自分に自信がもてなかったので、学校がまったく楽しくありませんでした。そこで、周囲と同じ道を行くのが嫌になり、クラスメイトが全員大学に進学するなかで、ただ一人東京に出て音楽の専門学校に入学することを決意しました。

実は幼稚園の頃からずっとピアノを習っていて、高校ではドラムを演奏していたので、音楽には自信があったのです。

大分から上京し、音楽の専門学校を卒業して、プロミュージシャンを目指す日々が始まりました。しかしバンドでつくるCDはまったく売れません。テクニックは身について音楽でお金を稼げるようになりましたが、ミュージシャンの収入だけではとても生活できない状況でした。

そんな生活を続けていた私の頭のなかに、いつしか「成功したいのなら音楽以外の道もあるのではないか」との考えが生まれてきました。

そうして私は25歳でバンド活動を辞めて、起業を志すことにしたのです。

起業するために私が最初に選んだのは「ＰＣトラブルのコールセンター」で派遣社員と

して働くことでした。ＰＣのスキルとビジネストークを身につけたかったからです。しかし「コールセンター」は「理不尽なクレーム」「難解なトラブル」「話を聞いてくれないお客様」と三重苦の職場です。

私は二度もうつ病を患い、また「副業」として取り組んだ「アフィリエイト」「せどり」「転売」「ネットワークビジネス」なども2週間と続けることができず、教材代やセミナー代などで借金が３００万円近くまで増えてしまいました。

そんな生活を3年間続けて、もう限界だと感じた私は、一般企業への就職を目指しました。しかし、職業紹介の担当者から言われたのは「学歴なし、資格なし、職歴なしで27歳のあなたには、もう就職は難しいですよ」という言葉だったのです。

「もう自分は一生フリーターとして生きていくしかないのか」

絶望のふちに沈んだ私は、毎日「他にできることはないのか？」と自問し続け、この生活から抜け出すためには「起業するしかない」と、覚悟を決めたのです。

ここでようやく行き着いたのが「コーチング」という「教える系」の仕事です。実はバンド時代から自己啓発系の本が好きでよく読んでいたのですが「コーチング」なんてビジネスにならないと思い込んでいて、それで起業しようとは思わなかったのです。

けれども「他に道がない」と追い詰められた私は「ノウハウ実行コーチ」の肩書きでブログを始めました。最初は記事を書いてもまったく反応がなく、つらい日々が続きました。しかし「ここでやめたらもう後がない」と感じていたので、「あきらめたら一生後悔する」と自分に言い聞かせてブログを書き続けました……。

これが、「起業家：仙道達也」が生まれる前の話です。

「自分のほうがもっと悲惨な境遇だ」と感じられた方もいるかもしれませんが、そこは張り合うところではありません。私もあなたもどちらも悲惨な境遇だった。だからこそ、お互いの痛みや苦しみに共感できるし、そこから抜け出す方法について話し合うことができるはずです。

こんなに何ももっていなかった私にもできたのですから、きっとあなたにもできます。一緒に明るい未来に向かって歩いてみませんか？

STEP 1

自分の好き・特技を再確認して「強み」を知る

好きなこと、得意なことだから教えられる

ここまで、「教える系」の仕事が「副業」に最適であることを説明してきました。

しかし、ただ単に「教える系」の仕事をやりますと言ったところで、お客様は集まりません。コーチやコンサルといった肩書きは世の中にありふれていて、どのような問題についての「教える系」の仕事をするのかが重要だからです。

たとえば、テニスコーチと英語コーチは、教える内容がまったく異なります。キャリアコンサルタントと住宅コンサルタントも、仕事内容がまったく違います。一言でセラピストといっても、アロマセラピストやカラーセラピストなどさまざまです。

まず、自分は何を「教える」のかを考えてみましょう。

ここで重要なのは、自分が興味関心をもっていて、強みのある分野を選ぶことです。

たとえば、小学1年生の算数の家庭教師の需要があるからといって、算数にあまり関心もなく、数学になるとほぼお手上げという人が算数のコーチを目指すとしたら、いくら簡単な勉強とはいえ、次第に苦痛になっていくでしょう。

収入を得ることが目的の「副業」といっても、自分が好きで、興味関心をもっていて、さらに得意なことでなければ続けるのは難しいのです。

これは普通に会社での仕事を考えてみてもわかります。その仕事にまったく興味をもてず、何の意義も感じられず、適性もないと考えているとしたら、たいていの人は転職を考えます。それは「副業」であっても同じことです。

まず、自分は何が好きなのか、何が得意なのかを一度じっくりと考えてみましょう。

私も「副業」を始めた当初はいろいろなことを試してみましたが、好きでないことをやっても失敗ばかりで、自分が最も興味関心をもっていた「コーチング」（目標達成するための心理コーチングのこと）に行きついたことでようやく成功することができました。

だったら、なぜ最初から「コーチング」で始めなかったのかと指摘されそうですが、それは「コーチング」でお客様を獲得できる将来像がそのときにはまだ描けていなかったからです。

「コーチング」はライバルも多いし、知識や経験が豊富なベテランも多いし、自分なんかでは到底「売れっ子コーチ」にはなれないと、無意識にあきらめていました。

同じことが、あなたにも言えるかもしれません。

何か好きなことがあっても「これは市場が小さいからビジネスにならない」とか「自分より上手にできる人がたくさんいるから競争に勝てない」とか「自分が成功できるイメージが湧かない」といった理由で、やる前からあきらめてしまってはいませんか。

それらのネガティブ思考は、はっきり言って「成功」にとって邪魔でしかありません。

日本には「好きこそものの上手なれ」ということわざがあります。本当に好きで、そこにエネルギーを注ぎ込むことができるのであれば、現在はともかく、将来においてあなたがその第一人者になれる可能性は十分にあります。

仮に、今現在はあなたよりも凄腕の人が何十人、何百人もいるとしても、その人たちはその分野で上手に「教える」ことをしていますか？　お客様に支持されていますか？

もしその人たちの教え方を見ていて、あなたが不満を感じることがあるとするならば、それはあなたがその人たちよりも、上手く教えられる可能性を示しています。

「教える系」の仕事は「ブルーオーシャン」である

スポーツの世界で、良いプレイヤーが必ずしも良い監督、良い指導者、良いコーチになれるとは限らないように、その世界で一流であることと、良いコーチであることは必ずしも一致しません。

あなたがこれから運転免許を取りたいというときに、世界トップレベルのF1レーサーに教えてもらいたいと思うでしょうか？

普通は思わないでしょう。F1レーサーは実績のあるプロのドライバーですが、運転している車は特殊ですし、教えるのが上手とは限らないからです。免許がほしければ自動車教習所に通ったほうが、良い教官が見つかる確率は高いですし、F1レーサーに依頼するよりもスムーズに運転免許取得という目的を果たせるはずです。

つまり何かを習うのであれば、トッププロよりもプロティーチャーに教えてほしいと普通の人は考えるということです。

また、このネット時代、たいていのことは独学で習得することができるくらいに情報があふれています。それにもかかわらず、あえて師に教えを乞うとしたら、その師に何を求めるでしょうか。

ある程度のレベルまでなら、知識もノウハウもいくらでも独学で身につけることはできますから、師に求めるのは「初心者がつまずきやすいポイントの把握とそのフォロー」

「一人ではわかりにくい部分の丁寧な解説」「自分のやる気を高めてくれる声掛けやモチベーションアップ」などのケアになるはずです。

それならば、あなたにだってできるとは思いませんか？

つまり、あなたはプレイヤーではなく、ティーチャーとしてナンバーワンを目指せばよいのです。そして、「教え方」は今後の勉強と努力で伸ばすことができます。なにしろ、たいていの人はプレイすることはがんばりますが、ティーチすることを改めて学んだり練習したりはしないからです。

どんな分野においても、「教える」ことの上手な人は少なく、常に求められています。その分野でプレイしたい人が多ければ多いほど、「教える」人の人手不足が深刻で、新しい人材が待望されています。

「教える系」の仕事は、実はブルーオーシャンなのです。

本来の自分を見つめ直す「自分棚卸しチェック」

私が「コーチング」での起業が有望だとなかなか気づかなかったように、みなさんも、自分が最も向いている「副業」に気づいていない可能性が非常に高いです。

そこで、まずはこれまでの人生を振り返って、自分は何をやってきたのか、どんなことに興味があって、何を好んできたのか、何を得意としてきたのかを棚卸ししていただきたいと思います。

そんなことは頭で考えればすぐにわかるという人もいるかもしれませんが、人は自分自身のことについては、意外と盲点が多いものです。あなたが本当に好きなことは、それにどれだけ時間やお金を使ってきたかで知ることができます。

頭で考えるのは理想の自分ですが、行動履歴は事実としての自分です。

たとえば、あなたが自分はスポーツが好きだと思っていたとしても、実際にはスポーツをしている時間よりもスマホでゲームをしている時間のほうが多いかもしれません。その場合は、スポーツもゲームも好きなのだと自己理解を変えたほうがいいでしょう。

ここで大切なのは、好きなことや得意なことを一つに絞る必要はない、ということです。最初の段階では、好きなこと、得意なことの種はたくさんあったほうがいいので、頭で判断せずに、少しでも好きとか得意だと思ったことを、どんどん紙に書き出してみてください。

自分の好きなこと、得意なことを知るためのワークを、私のセミナーでは「自分棚卸しチェック」と呼んでいます。

大きめの紙を用意して、そこに図表1のような表をつくって、書き込んでみてくださ い。このとき「恥ずかしい」とか「照れくさい」といった気持ちは捨ててください。

今ここであなたが書いたことは他の誰も見ることはありませんし、ワークが終わったら誰にも見られないように処分していいので自分の心に素直になって、できるだけ自分の良いところや好きなところを感じながら取り組んでみましょう。

また、できるだけ数値やデータを使って具体的、客観的に書くことを心がけてくださ い。数値やデータを使った具体化・客観化は、「たいしたことない」とか「こんなのはよくあること」といった、自分の思い込みの過小評価を取り除く術《すべ》になります。

このワークは「アイデア出し」なので、できるだけ数多く出すことが重要です。この段階では「これは事業にならない」「これはやっている人が多いから差別化できない」などのネガティブな判断はしないでください。

たとえば、私のように「音楽」の経験を書いても、そのままではなかなか事業化できないかもしれませんが、そこから強みや他の事業とのシナジーが生まれることもあるので、

図表1　自分棚卸しチェックシートで本当の自分を知る

自分棚卸しチェックシート(どんなにくだらないと思えることでも書いてください)				
	【学歴・経歴・職歴】何をしてきたのか?(具体的に、客観的に数値化)	【プライベート】何をしてきたのか?(具体的に、客観的に数値化)	そこで得た【経験・理論・能力】は何か?(具体的に、客観的に数値化)	それを利用して「何を」提供できるのか?(誰に?は考えない)
幼少期				
学生時代				
21~25歳				
26~30歳				

▼

自分棚卸しチェックシート(どんなにくだらないと思えることでも書いてください)				
	【学歴・経歴・職歴】何をしてきたのか?(具体的に、客観的に数値化)	【プライベート】何をしてきたのか?(具体的に、客観的に数値化)	そこで得た【経験・理論・能力】は何か?(具体的に、客観的に数値化)	それを利用して「何を」提供できるのか?(誰に?は考えない)
幼少期	6〜12歳までピアノ(100曲)		耳が良くなった、音楽が好きになった	音楽のコーチング
学生時代	音楽専門学校(音楽理論)		アンサンブル、調和の能力を得た	ドラムのコーチング
21~25歳	アマチュアバンド(ドラム)アルバイト		人間関係を良くする術	バンドマンの人生指南コーチング
26~30歳	PCコールセンターで働く(15000人のサポート)		人にわかりやすく教える方法	なかなかノウハウが身につかない人のコーチング

私だったら、このように自分のことを書きます。
まずは、みなさんも自分のことを思いつく限り書いてみてください。

どんなにくだらないと思ってもひとまず書き出してみてください。

すべての欄を埋めるのが目標です。

たとえば、私だったら図表1の下に示したように書きます。

自分の好きなこと、得意なことが見つかる4つの質問

自分の好きなことや得意なことが何となく見えてきたでしょうか？

最初は一つに絞る必要はありません。あれもできる、これもできると、万能感を味わってみてください。

いろいろ想像するなかで、「これをやるのが良さそう」といったものが見えてきましたか？　もし見えてこなかった場合は、次の質問に答えてみてください。

Q1 あなたの実績、経歴、職歴、学歴、経験のなかで、異業種の人と会話するときに、「ちょっとした自慢」になりそうなものはありますか？　ちょっと珍しいとか、驚かれるといったレベルのものでかまわないので挙げてみてください。

たとえば私の場合、「ピアノを10年間習っていて100曲弾ける」とか「音楽の専門学校を出て5年間バンドをやっていた」とか「PCトラブルのコールセンターで1万5000人のお客様をサポートした」あたりは、飲み会などで口にしても「すごいね」と言ってもらえそうです。

同じ職場の仲間を想定すると「そんなの当たり前じゃん」とか「私もそれくらいやっているよ」などと言われてしまいそうですが、業界以外の人に言って、少し驚いてもらえそうなことなら何か見つけることができるでしょう。

このようにして見つけたものは、他人から見たときに差別化ができる、あなたの「強み」です。その「強み」があると集客が楽になるので「副業」を考えるときにはぜひ参考にしてください。

別の角度からも考えてみましょう。

Q2 あなたの実績、経歴、職歴、学歴、経験のなかで、同業者のなかでは当たり前だと思われていることで、フィールドが変わると驚かれる「ちょっとした強み」はあり

ませんか？　たいていの人には盲点となっていて気づけないことが多いので、じっくり考えてみてください。

私の場合「1万5000人のお客様をサポートした」という強みは、コールセンターで3年間毎日働いていれば誰でも達成できる数字なので、もっと長く働いている職場の仲間にとっては驚くような数字ではありません。

しかし、コールセンターの仕事は過酷で、たいていの人は3年ももたずに辞めていくので、職場の外に出ると「1万5000人のお客様をサポートした」という人にはめったに出会えません。

ですから、コールセンターの外で「1万5000人をサポート」と言えば、たいていは驚いて「すごいですね」という反応が返ってきます。

あなたの経歴のなかにも、そのような「強み」が必ず隠れているはずです。あまりにもその仕事にどっぷり浸かっていると、職場の常識イコール社会の常識となってしまうので、その「強み」に気がつかない人もいます。

どうしても自分では気づけない人は、異業種の友人に話して反応を見てみるとよいでしょう。

Q3 あなたの実績、経歴、職歴、学歴などをできるだけ数値化したときに、目立つ数字はどのようなものでしょうか？　また、他人の目から見たときに驚かれるような数字は何かありませんか？

これは、自分の思い込みを排して、客観的な数字から「強み」を発見する質問です。

私でいえば「ピアノ100曲」「1万5000人のサポート」あたりは、桁《けた》数が多くてきりもいいので、ぱっと見たときにも目立ちます。

もちろん、嘘は駄目なので、信頼性のある妥当な数字であることが重要です。

数字が大きいほうがインパクトは大きくなるので、できるだけ大きな数字に変換できないか考えてみてください。たとえば、私がコールセンターにいたのは3年間ですが、単に「3年間サポート」というよりも「1万5000人のサポート」と表現したほうが、よりお客様に響くようになります。

Q4 今までに、あなたが最もお金と時間を使って「勉強」「研究」してきたことは何ですか？

これは、あなたの「強み」を見つけるための質問です。

あなたのこれまでの人生、そこで勉強や研究や訓練や練習をしてきたことは、必ずその分野において、あなたの能力を向上させています。それが十分な量であれば、あなたにはプロフェッショナルとして活動できるだけの技量がすでに備わっているはずです。

自分に自信のない人は「そんな才能なんてない」と言うかもしれません。しかし「才能」とは「努力」に比例して伸びるものです。

人間の生まれつきの能力の差はそれほど大きくありません。大人の能力に差があるとしたら、それはその人がどれだけ「勉強」や「練習」をしてきたかの差です。

フロリダ州立大学心理学部のアンダース・エリクソン教授は、『超一流になるのは才能か努力か？』（文藝春秋・共著）のなかで、人間の能力は訓練によって驚くほど向上して、どんな人でもプロフェッショナルのレベルに到達できると示しています。

たとえば、絶対音感のような能力は、生まれつきの特別な才能だと思われていますが、実際には数カ月のトレーニングですべての子どもが獲得できることがわかっています。

特別な才能と思われているものが決して生まれつきのものではないことを証明するために、エリクソン教授は当時教えていた大学の学生スティーブに、ランダムな数字を覚えてもらう実験をしました。「7、4、0、1、1……」といった具合に、一秒に一つの数字を読み上げて、しばらく経ったのちにどれだけ正しい順番で覚えていられるかをチェックしたのです。

当初、スティーブは7、8個の数字を覚えるのがやっとでした。これは市内通話の電話番号の数と同じで、人間が覚えていられる平均的な数列の長さです。ところが、毎日トレーニングを重ねていったところ、1週間後には11個の数字を覚えられるようになりました。

セッションが60回を超える頃には、この記録は20個まで伸びました。100回を超える頃には、スティーブは40の数字を復唱できるようになっていました。そして2年間の実験を終える頃には82個の数字を、順番通りに暗記できるようになったのです。

何のトレーニングもしていない私やあなたには絶対に不可能な数です。

スティーブは特別な才能をもたないごく普通の大学生でした。しかし平日に毎日1時間のセッションを2年間続けたことで、その記憶力を爆発的に伸ばすことができました。

このように、トレーニングによって能力を伸ばすことは、私やあなたにも可能なことです。

私やあなたも毎日1時間のトレーニングを2年間続ければ、80個くらいの数字を即座に暗記できるようになるのです。

人間の能力に限界がないことは、歴史も証明しています。1908年のオリンピックで記録されたマラソンの世界記録は2時間55分18秒でした。110年後の2018年にケニアのエリウド・キプチョゲ選手が樹立した世界記録は2時間1分39秒でした。

約3時間かかっていたものを約2時間で走れるようになったということですが、100年前に比べて人間の身体能力がそこまで進化したというわけではありません。進歩したのは、人間の能力を伸ばすためのトレーニング方法と、そのトレーニング方法を忠実に守って訓練に費やした時間の長さです。

ちなみに、スティーブの記憶術を真似して、さらに自分なりの方法に改良した別の学生ダリオは、数年間で100以上の数字を覚えられるようになりました。

トレーニング方法が進歩すれば、後の時代の人はより効率よくトレーニングを行うことができ、費やした訓練時間が長ければ、さらなる能力の向上を図ることができます。

エリクソン教授は力強く次のように述べています。

「人間が取り組むたいていのことにおいて、われわれには正しい方法で訓練さえすれば、技能をどこまでも向上させていくすばらしい能力があるのだ。あなたが何かを数百時間練習すれば、ほぼ確実にすばらしい能力向上が見られるはずだ」

ただし、そのためのトレーニング方法は選ばねばなりません。簡単に言えば、楽な練習を反復しても効率が悪く、自分のレベルよりもちょっと高いような、ストレス負荷がかかるようなトレーニング（限界的練習）を続ける必要があります。詳しくは、同書を読んでみてください。

いずれにせよ、あなたがこれまでの人生で、長い時間をかけて勉強や練習、あるいは仕事として訓練してきたものがあるのならば、それはほとんどの人に勝てるあなたの「強み」になっているはずです。

自分のやりたいこと、情熱のもてることに集中する

ここまでの説明を読んできて「なんだか、大変そうだな」「そんなこと、やりたくない

な」と感じた人がいるかもしれません。

その場合は、いったん立ち止まって「副業」のコンセプトを見直したほうがいいかもしれません。

もし、そのコンセプトが、あなたが「本当にやりたいこと」ではなかった場合、おそらくブログを書き続けて、不断のマーケティングを行い、集客してセールスをするということれからの行為が面白くなくなって、いずれ辞めてしまうことになるでしょう。

私も「音楽をやりたい」と思ってバンドを始めたまではよかったのですが、それが「本当にやりたいこと」ではなかったために、途中で辞めることになりました。

私が本当にやりたかったことは「多くの人をサポートして成功する」ことであり、「音楽」は得意なことではあったけれども、「本当にやりたいこと」ではなかったのです。

もちろん当時の仲間のなかには、「本当にやりたいこと」は、「成功する」ことではなく「自分の好きな音楽をやる」ことだと言って、今もあまり売れないままに音楽を続けている人もいます。その人のやりたいことがそれであるから続けることができるのでしょう。

私は「本当にやりたいこと」は、人それぞれで異なると思っています。

ですから「こういう副業をしたい」と思っている人のなかに「成功しなくてもいいから

自分の納得のいく方法でやりたい」と考えている人がいれば、それはそれでよいと思います。また「他にやりたいことが見つかったので、そちらに時間を使いたい」という人が出てきても、それもありだと思います。

私のやり方は「副業で成功したい」「個人で事業を立ち上げて成功したい」と強く思っている人のためのものです。

しかし、なかには「副業で成功したい」けれども、今考えている「副業」ではなかなかやる気が起きないという人もいます。その場合は、事業の内容が、あなたのやりたいことになっていない可能性が高いので、コンセプトの見直しが必要です。

自分が「本当にやりたいこと」と「副業」のコンセプトが合致していなければ、どんなに成功したいと思っていても続けることはできません。

では、「本当にやりたいこと」は、どうやって見つけるのでしょうか。

ここでポイントとなるのは、それがあくまでも「仕事」であることです。

漠然と「自分のやりたいこと」と考えたときに、「旅行に行きたい」とか「テニスがしたい」などという思いが出てくることがあります。もちろん「旅行」も「テニス」もやりたいことに違いないのでしょうが、ただ「旅行」や「テニス」をするだけでは、それは仕事にはなりません。

「副業」――つまり仕事にするためには、そこに「お客様」が必要です。

では、あなたが「旅行」や「テニス」をすることで、喜んでお金を払ってくれるような方――つまり「お客様」が発生するでしょうか。

この観点をもつことによって、あなたのやりたいことと仕事がつながります。

たとえば「旅行がしたい」という方は、その旅行によって得た知識やノウハウをガイドするという仕事が考えられます。「テニスがしたい」という方も、テニスのルールや技術を教える仕事なら、お客様がいるでしょう。

ただし、ここでもう一つ考えていただきたいのが、その市場にどれくらい多くのお客様が存在するかです。

旅行ガイドという仕事はよく知られていますが、「副業」で同業者との競争に勝とうと思うのであれば、それなりの特徴や差別化が必要になります。また、ただの旅行ガイドではなく、東京の寺社仏閣の由緒を教えるガイドをしたいという場合は、ユニークではありますが、ターゲットが狭すぎて、お金を払ってくれるお客様を見つけるのが難しくなるかもしれません。

さらに、ただお客様がいるかどうかだけでなく、単価も考慮に入れる必要があります。本業と掛け持ちする「副業」の場合、時間の制約がありますから、あまり多くのお客様に対応することができません。そこで、一人ひとりのお客様の単価をできるだけ上げていく必要があります。

もちろん一人ひとりにあまり時間をかけない薄利多売方式もありますが、そのようなやり方は大人数で流れ作業的に行う大企業には適していますが、たった一人での「副業」にはあまり向いていません。

個人事業主の強みは、最初から直接本人とやりとりができる親しみやすさや、そこから生まれるマンツーマンでの手厚いサポートなどにあります。距離感の近さと親切な対応を武器にするのであれば、一人当たりの単価を上げてしっかりとサポートするのがおすすめです。

自分のやりたいことと、お客様の存在する市場と、一人当たりのお客様から得られる単価とのバランスを考えて、「副業」の中身を選ぶべきです。

そして最も大切なのが、やはり「自分が情熱を傾けられる事業」です。

そもそも私たちは人生において「やりたいこと」をやるために生まれてきたのですから、そうでないことは長く続けられませんし、嫌々ながらやることにはエネルギーが向かわないので生産効率も悪くなります。

逆に「やりたいこと」をやっていると、人は活き活きとしてきます。それをやること自体が楽しくなると、「時給換算するといくらになる」などとせせこましいことを考えずに時間と手間を注ぎ込むので、クオリティも成果も上がります。

私は「アフィリエイト」や「せどり」はまったくやる気が起きませんでしたが、コーチングブログを始めたときは、なぜかあまり苦に感じず、夢に向かってがんばることができました。みなさんも、そのように楽にがんばることのできる「副業」をぜひ見つけてください。

「過去の自分」は関係ナシ。理想の未来だけを想像する

ここまでの話を聞いても「やっぱり自分なんかにはできるとは思えない」と、尻込みし

てしまう方もいるでしょう。

基本的な前提として、私は「どんな人でもできる」方法を提供しています。しかし、その方法が使えるのは「自分ならできる」という強い思いをもっている方です。

ですから「自分にはできない」という方は、無理に「副業」を始めなくてもよいと思います。「本業」があって、それで暮らしていくことができるのであれば、不安を抱えながら「副業」に携わるより、ずっと気持ちよく毎日を送ることができるでしょう。

それでも「副業をやってみたい」と思われている方は、なぜそんなに「自分にはできない」と感じてしまうのかについて、ちょっと考えてみてください。

もしかすると、あなたが真っ先に向き合う必要があるのは、「自己肯定感」や「自己承認」かもしれません。

なぜ、副業スタートすることに自信を持つことができないのでしょうか？

過去に成功したことがないからでしょうか？　過去に失敗ばかりしていても、それは未来における失敗を意味しないはずです。

もし「自分には好きなことはあっても、下手の横好きばかりで、得意なことが何もない」などとネガティブな思いに囚われてしまうようであれば、ちょっと発想の転換が必要です。

ネガティブ思考の人は、慎重で堅実ではあるのですが、思考が具体的で過去に囚われやすく、明るい未来を想像することが苦手です。

そのような方におすすめなのが、未来におけるゴール設定です。

たとえば、過去にやってきたことだけを羅列すると「ピアノも10年で辞めてしまった」「バンドでは成功できなかった」「コールセンターだって3年しか続かなかった」などと、自分の至らないところばかりが目について、将来についてもネガティブな想像しか浮かばなくなってしまいます。

そのような人は、過去の棚卸しよりも、まず将来の展望を先に考えましょう。

たとえば私の場合だったら、現在の自分に何がどれくらいできるかはわからなくても、とりあえず3年後に売れっ子コーチになっている、と目標を設定します。ビジョンと言い換えてもいいでしょう。

そして3年後に売れっ子コーチになるためには、2年後にはどれくらいの集客をしていたらよいのか、1年後にはどの程度の実力をつけていればよいのかなどと、逆算して目標を固めていきます。

そうやって逆算していって、では現在はどの程度のコーチであるべきなのかと考えると、「初心者向けにわかりやすく丁寧に基本を教えるコーチ」という考えになりました。これくらいの目標であれば、現在の自分でも取り組めそうだとわかります。

このワークをやるときに大切なのは、あまり具体的な目標にしないことです。たとえば3年後に年商1億円などと具体的に書いてしまうと、今の段階ではどのようにしてそこに到達したらよいのかが皆目わからなくて、筆が止まってしまいます。そうではなく、まずは抽象的なイメージでビジョンを描いてみてください。

また、このときに他人の目を気にしてしまうと「今は何者でもないのに、たった3年で売れっ子コーチなんておこがましい」といった具合に、気恥ずかしさが出てきてしまいます。そうなると自由な発想ができなくなるので、ここでは自意識を捨ててください。

大切なのは、過去をあまり気にしないことです。たとえ、あなたが過去にどのような失敗をしていたとしても、それはあくまでも過去の話で、未来のあなたには影響しません。

もしかするとあなたは、未来は過去の延長線上にあると考えていて、過去のできごとはすべて未来を形づくる要素と考えているかもしれませんが、時間については別の考え方もあります。

通常の人の考える時間は、過去から未来へと一直線上に延びていて、自分がその時間軸に沿って過去から未来へと歩いていくものですが、未来は過去の延長線上の一本道ではなく、さまざまな未来が存在してどこにつながるかはわからないと考えることもできます。

私もミュージシャンやコールセンターの過去だけを眺めていたら、売れっ子コーチの未来は描けませんが、過去はとりあえず脇において考えたときに、コーチ、コンサルタントになりたいという夢がぽっと出てきました。

では、自分はどのようなコンサルティングならできるのだろうかと考えてみたところ、ブログコンサルティングならできるかもしれないと思いました。このように、なりたい未来から逆算して、できそうな目標を考えてみるのも一つの手です。

先ほどのワークと同じで、このワークであなたが書いたことも、誰にも見せることはありません。ワークが終わったら処分してしまってもかまわないので、過去や現在とは切り離して、思いきって3年後の理想の自分の姿を書いてみてください。

あなたの人生の主役はあなたなのですから、あなたがどんな夢に挑戦してどのような人生を生きるかを他人が批評する権利はありません。その夢が叶うか叶わないかは、これからのあなたの実践次第です。

ちなみに、自己啓発系の本にはよく、「夢を口に出して他人に言う」ようにしていると叶う確率が高くなるなどと書かれています。いつも口に出していると他人が覚えてくれて、何かの折に協力してくれることがありますし、口に出すことで「やらなきゃ」とモチベーションが高まるのであながち間違いとも言えないのですが、シャイな人には過酷な修業だと感じます。

私は、必ずしも「夢を口に出して言う必要はない」と思います。他人に言うことでモチベーションを高めるというのは「口に出して言っているのに叶わなかったら恥ずかしい」という自意識をテコに使う方法です。それも一つの手ではあるのですが、どちらかと言えば私は、「他人の目を気にせずに自分の好きなこと、得意なこと、やりたいことに一心不乱に黙々と取り組む」ほうがモチベーションが高まると考えています。

ですから、あなたが特に言いたくなければ、将来の夢や本当にやりたいことや目標を他人に言う必要はありません。それはあなたの人生であって、他人には関係のないことだからです。

好きなこと、得意なことを仕事に変える方法

自分の好きなこと、得意なこと、やりたいことが見えてきたでしょうか。

でも、これだけでは「副業」を始めることはできません。なぜならば「副業」が「業（仕事）」である以上、そこにはお客様がいなければならないからです。ただ好きなこと、得意なこと、やりたいことをやっているだけでは「仕事」ではなく「趣味」になってしまいます。

たとえば、私の場合は自分の棚卸しをすると、どうしても「音楽」というキーワードが浮かび上がってきます。そうすると「音楽を教える」という「副業」が考えられます。実際に、バンド時代は人に教えてお金をいただくこともあったのですが、そこには十分な数のお客様がいないと感じていました。

私がバンドを辞めたいちばん大きな理由は「自分がやりたいことはこれではない」と気づいたことです。私は自分の仕事によって多くの人をサポートしたかったのですが、音楽ではそれができませんでした。「音楽を教える」という仕事も同じで、それをやりたいと

は思えませんでした。お客様がたくさんいるように感じられなかったのです。

お客様が十分にいるかどうかは、グーグルでどれくらい検索されているかで知ることができます。

たとえば「ＡＫＢ」をグーグルで検索すると、約４４００万件の結果が一瞬で表示されます。この数字は「ＡＫＢ」がかなりの人気コンテンツであることを示しています。

とはいえ、普通にグーグルで検索したときに表示される検索結果数は、インターネットで見つかったページの数です。

もっと正確にお客様の需要を知るには、グーグルのキーワードプランナーというツールを使って、ユーザーの月間検索数を知る必要があります。

キーワードプランナーで「ＡＫＢ」を調べると、24万６０００件という数字が出てきました。これは、１カ月の間にグーグルで検索された「ＡＫＢ」の数です。

一方、キーワードプランナーで「中古車」を調べると１００万件という数字が出てきます。「ＡＫＢ」はアイドルコンテンツとしては相当に魅力的ですが、アイドルに興味のない人も多いので、全体としては「中古車」を調べる人のほうが４倍も多く、これは市場における「中古車」の需要の多さを示しています。

他のキーワードもいくつか調べてみましょう。

たとえば「ダイエット」は36万8000件です。「AKB」よりもニーズが高いことがわかります。

その他は、「ヒーリング」が1万8100件、「国際結婚」が9900件、「犬のしつけ」が6600件、「除霊」が5400件です。だいたい月間検索数が5000件もあれば「副業」として成立する可能性があると思います。

ちなみに「ドラムの先生」でも「副業」であればできたと思います。私の場合は「起業」を目指していたので、もう少し大きな市場がほしいと考えていましたが、「副業」として考えるなら音楽の先生もありですね。

私も音楽を教えていた頃には、メジャーデビューなどの実績がなくても、人に教えて感謝されるんだという気づきを得られたので、良い経験になりました。

では、あなたがやってみたいと考えている「教える」仕事について、キーワードプランナーなどで月間検索数をチェックしてみてください。このとき重要なのは、お客様の立場で考え、どのようなキーワードで検索するかを想像することです。

たとえば、やせたい人は「ダイエット」で検索するのか、それとも「楽してやせたい」

と検索するか、「かんたんダイエット」で検索するのか、これは、あなたが想定するお客様のターゲットが明確であればあるほど想像しやすくなります。

キーワードプランナーとともにチェックしていただきたいのが、普通にグーグルで検索したときに出てくるPPC広告です。PPC広告とは、ペイ・パー・クリック（Pay Per Click）広告の略称で、グーグルの検索結果のいちばん上に表示されている広告のことです。よく見ると頭に「広告」と書かれていて、検索結果とは区別されているのでそれとわかります。

あなたの想定するお客様が検索するであろう「キーワード」で検索したときに、このPPC広告が表示されるようであれば、その市場は見込みありです。なぜならば、費用を支払ってでも広告を出している業者がいるということは、それだけお客様が多くて売り上げが上がることの証拠になるからです。

これらのキーワードチェックは、実際に手を動かして調べてみることが大切です。私も実際に調べてみるまで「除霊」というキーワードで広告を出している業者がいるとは思いませんでした。私がお手伝いした「除霊」コンサルタントさんは、年収１０００万円を超えたそうなので、意外と市場が大きいということなのでしょう。

図表2　キーワード検索の例

- 婚活、恋愛
- ダイエット
- 起業、経営、サロン
- 集客、セールス、売り上げUP
- 資格取得、資格発行
- 投資、お金運用
- 英語
- 子育て、妊活
- ヒーリング、スピリチュアル
- アロマ、ヨガ、マクロビ
- エステ、美容
- 占い
- 自己承認、セルフイメージ
- マインドブロック外し
- 脳科学、心理学
- 毒親
- 健康
- 自己啓発、目標達成、成功哲学
- ファッション
- 除霊、浄霊

私が今までお手伝いした方たちの主なキーワードを、図表2に挙げておきます。これらはすべて市場として成立しているものです。

お客様のニーズが高く、単価を上げられる商材のポイントは、その人の感情にダイレクトに訴えかけられるかどうかということです。たとえば「お金を稼ぐ」「愛情を得る」「死から逃れる」など、人生を大きく変える系の商材はウォンツが大きいです。その他「名声を得る」「承認を得る」「不安をなくす」系の仕事もニーズがあります。

本業とずらして考えると「教える」ことが見えてくる

自分が何を「教える」のか、あるいは「教えられる」かを見極めるのは難しいことです。

多くの人は仕事でやっていることなら「教えられる」と考えますが、そこにどれだけのニーズがあるかはわかりません。

たとえば、「輸出入書類のつくり方を教えます」という場合、貿易実務の仕事についているほうが専門性があってよいのですが、お客様がいるかどうかとなると微妙です。

それよりもおすすめは、たとえば英語を教えることです。英語ができるようになりたいと思っている方は、輸出入書類のつくり方を知りたいと思っている方の何百倍、何千倍もいて、ニーズの高い仕事です。

弊社スタッフのそのはたちえこさんは、もともとは私が運営しているウェブマーケティング講座「仙道塾《せんどうじゅく》」の塾生でした。外資系企業で働いていた彼女は、英語が得意で部下や同僚の英語でのプレゼンや書類作成を指導することが多かったことから、「副業」でビジネス英語を教え始めました。

本書の実例2で紹介している岩田ジュリさんも、外資系企業で働きつつ、得意の英語を「教える副業」をしています。どちらも、仕事の中身ではなく、仕事で活かしている得意の「英語」に目を向けることで、お客様を見つけました。

実例3で紹介している立花静人さんの場合は、もともとスピリチュアル系に興味があって、インナーチャイルドセラピストとして「副業」を始めたのですが、市場があまり大きくなかったので、本業であるセールスを「教える」ことでブレイクしました。

本業といっても、立花さんが会社員として行っているのはセールスそのものであり、セールスを教えることではありません。また、単に自分が行っているセールスのやり方を教えるのではなく、インナーチャイルドセラピーと組み合わせた、独自の講座を開発しています。

なので、本業そのままではなく、また、自分の趣味にストレートに向かうのでもなく、そこから市場に合わせてちょっとずらすのがポイントかもしれません。

まずは(仮)《カッコカリ》でもOK！　とにかく何かを始めてみる

好きなこと、得意なこと、やりたいことは何となく見えてきたけれども、それが「教える」仕事として、成立するかどうかわからないという方が多いかもしれません。

これまで会社員として生きてきて、起業や副業をしたことがないという方には、どのようにすれば事業が成立するのかが、なかなかわからないと思います。

会社員として生きていると、仕事（やるべきこと）は誰かが与えてくれ、たとえそれがうまくいかなくても、働いた時間に合わせて約束された給料が支払われることが多いので、自分の事業をつくる感覚がつかみにくいことでしょう。

しかし、個人事業主でも会社員でも、仕事の本質はあまり変わりません。シンプルにいえば、お客様の役に立って報酬をいただくことです。

組織で働いている場合は、営業をする人と、モノやサービスを提供する人が分かれていることが多いのですが、個人事業主の場合は、すべて自分一人で行います。そのぶん、お客様との関係性が密になります。つまり、お客様の要望に対する責任を個人で負わねばならないので、何かあったときに誰かに守ってもらうことができません。

これは怖いことのようですが、私はむしろ全身全霊でお客様にサービスできる良い機会だと考えています。そして、お客様との距離や関係が近くなると、きちんと仕事で成果を上げた場合に、ファンになってもらいやすいのです。ファンになってもらうことができれば、高額商品を購入していただける確率も高まります。

考えてみてください。月収10万円という目標を立てたとしましょう。1万円の商品をつくって、毎月10人のお客様を新たに見つけてその商品を買っていただこうとすると、それはとても大変なことです。しかし、10万円の商品を買ってくれるようなお客様がいれば、たった一人を見つけるだけで目標は達成できてしまうのです。

「副業」を始めようとする方は、お客様が見つかるかどうかを心配することが多いものですが、まずはたった一人でもかまいません。自分の商品やサービスに興味をもってくれる方を見つけることから始めてください。

そうしたら、その方にモニターになってもらい、ごくわずかの料金で商品やサービスを体験してもらって、感想などのフィードバックをいただき、「副業」の経験を積んでください。

一人でも自分自身でお客様をつかむという体験をすると、それまでは雲をつかむような感覚であった「お客様」が実体を伴って見えてきますし、その方がどのようなニーズやウォンツをもっているのか、その方に向けてどのような商品やサービスをつくったらいいのかが見えてきます。

そこから、自分がどのような「教える」仕事をしたらよいかがわかることもあります。まずは不完全でもいいので、一人目のお客様をつかまえるべく活動を始めてみてください。

私も、一人もお客様がいない状態から、インターネット上で活躍している先輩コーチの方々を参考に、とりあえず「ノウハウ実行コーチ」の肩書きでブログを書き始め、商品やサービスを売り込み、友人知人やお客様の声を聞きながら商品やサービスの内容を改善し、最終的に成功するまでに8回も肩書きを変えました。当然、それに合わせて商品やサービスの内容も変わっています。

副業実例1

マーケットを女性向けの恋愛心理に絞ったら副業年収10万円から200万円へと大幅アップ

恋愛心理カウンセラー　とうせんさんの場合

オトコ心を知ることで、〝相思相愛の最高のパートナー〟が目の前に現れるやさしさ湧き出る　とーせんの恋愛の泉

これは、「女性向け」恋愛心理カウンセラーとうせんさんのブログのタイトルです。

得意分野は「恋愛成就」「恋愛&パートナーシップ改善」「都合のいい関係からの卒業」「恋愛こじらせ女子」で、これまでにとうせんさんに恋愛&パートナーシップの悩みを相談した人の数は200人以上にのぼります。

商材は、たとえば2020年5月の例でいえば次のようなものです。

「そのままで愛されるカワイイ私になる～引き寄せ恋愛本講座」15万円コース、20万円コース、48万円コースとなります。

とうせんさんが恋愛心理カウンセラーを始めたきっかけは、30歳の頃、付き合っていた彼女にふられたことにあります。結婚も考えていた彼女に別れを切り出されて、失意のどん底にいるときにインターネットで復縁カウンセラーを見つけて、藁をもすがる思いでカウンセリングを受けました。

最終的に復縁は叶わなかったのですが、その過程で心の安定を取り戻したとうせんさんは、カウンセラーにすすめられて復縁カウンセリングのアシスタントをするようになりました。そのときはサポートだったので、ほとんど収入は得られなかったのですが、恋愛心理について学ぶことも、カウンセリングをすることも楽しかったそうです。

とうせんさんが本格的に「副業」を始めたのは2年半前のことです。それまでは、専門的なトレーニングを受けたわけでもなく、資格もなく、実績もない自分がカウンセリングでお金をいただいてもいいのかどうかに迷いがあって、主に無料相談や低額のコーチングなどしかやっていませんでした。

しかし、あるとき高校時代の友人が同じように独学でカウンセラーとして活躍している姿を見て、自分もきちんとやってみたいと思うようになったそうです。当時、働いていた会社では残業がほとんどなく、定時で終わる仕事だったことも背中を押してくれました。

自分が悩んでいたときにカウンセリングを受けて気持ちが楽になったこともあり、同じように悩んでいる人たちの力になりたいという気持ちが大きかったそうです。当時の彼女との復縁は叶いませんでしたが、その後に付き合った別の女性とは、別れてしばらく経ってから連絡がきて、復縁に成功したこともあるそうです。

本格的に「副業」を始めようとしたときに、壁になったのは「恥ずかしさ」でした。ただの会社員である自分が、カウンセラーを名乗って商品を販売することが怖くて、なかなか商材の開発ができませんでした。

これは「副業」を始めるみなさんに共通の課題ですが、知り合いに見られて笑われたらどうしようとか、ぜんぜん売れなかったら恥ずかしいといった気持ちが邪魔をして、なかなか本格的なビジネスに踏み出せないのです。

とうせんさんも、最初は売り込むことが怖くて、ひたすらブログを更新して、LINEのメンバーを増やすことしかしていませんでした。そのうちにLINEの登録人数が1000人を超え、このリストを使えばセールスができるのではないかと思うようになっても、活かすことができずに「宝の持ち腐れ」のような状態でした。

とはいえ、とうせんさんには「収入を得たい」という気持ちがありました。そこで本格的にセールスを学びたいと考えるようになり、私の開催する仙道塾に申し込んでくれたのです。仙道塾の塾生のなかには年収が1000万円はもちろん、億を超えている方もいて、かなり本格的に稼ぐことを教えているからです。

「副業」を開始した当初のとうせんさんは、幅広く「心理カウンセラー」と名乗っていて、特に「恋愛心理」に特化してはいませんでした。「どんな相談でも受け付けます」としたほうが、相談してくれる人が増えるのではないかと考えたからです。

しかし「どんな相談でも受け付けます」という人に対しては、「この人に頼みたい！」というお客様の強烈な欲求は湧きにくいものです。そこで私はマーケットを絞ることを提案し、それを受けたとうせんさんは、女性向けの「恋愛心理カウンセラー」に衣替えします。

とうせんさんが「恋愛心理」に絞った理由は、これまでのブログを通じて集まってくれたLINEのグループの95％が女性であったことと、いろいろな相談を受けるなかでとうせんさん自身が「恋愛」の相談が最も得意で、やりがいと楽しさを感じていたからです。

ところが、仙道塾に入ってしばらくの間、とうせんさんは波に乗れませんでした。仙道塾には「副業」ではなく「専業」でバリバリ稼ぎたいという人が大勢います。会社に勤めながら「副業」をしているとうせんさんは、ウェブサイトのランディングページをつくるのも、メルマガを新しく始めるのも、あまり時間がなくて思うようにいかず、周囲のパワーにも圧倒されて自信を失ってしまったのです。

塾が始まって2、3カ月経った頃でしょうか、ある日とうせんさんから「ついていけないので辞めたいです」というメールが事務局宛に送られてきました。それに対応した弊社の社員自身も「副業」をがんばっている人だったので、「わかります。つらいですよね。みんな最初はそう感じます」とお返事して相談に乗り、最終的に続けていただけることになりました。

とうせんさんが変化したのは、仙道塾に入って半年くらい経ってからのことです。それまでは周囲の「起業家」に引け目を感じることが多かったのですが、その方たちから損得勘定抜きで応援してもらえることが多く、ペースが違ってもみんなでがんばっていこうというマインドをもてるようになったからです。

周囲の「起業家」の協力で、とうせんさんも少しずつ前進し、結果が出るようになりました。今では「副業」で年収200万円を、着実に稼げるようになっています。それまでは年収10万円が限界だったので、大きな変化です。

「副業」である程度の収入を得られるようになったとうせんさんですが、恋愛心理カウンセリングだけでは収入が安定しないので、今すぐの独立はあまり考えていません。しかし、いずれはＦＩＲＥ（Financial Independence, Retire Early：経済的自立・早期リタイア）ができればいいという気持ちから、カウンセリングとは別の事業も始めています。「副業」できちんと稼げることがわかったことで、起業に対する敷居が低くなったようです。

とうせんさんの理想は「行きたいときに行きたい場所に行けて、会いたいときに会いたい人に会える自由な人生」です。仙道塾で、すでにその状態に達している人に大勢会って、それまでは漠然とした「夢」だったものが、「現実」にできるのだとわかりました。仙道塾は、単に収入を増やすだけでなく、ビジョンの面でも良い影響を与えてくれたと言ってくれました。

「副業」をすることで忙しくなって逆に自由がなくなるのではないかと心配する人も

いるようですが、とうせんさんは「好きな人や尊敬できる人だけ」に囲まれるようになり、逆にプライベートがいい方向に変わったそうです。

具体的には、「会社の不要な飲み会に行かなくなった」とか、「休日は、会いたい人とだけ会うようになった」とか、「ダラダラした生活が解消されて毎日が充実し始めた」とか、「起業していることで、周りから尊敬されるようになった」などの変化を挙げてくれました。

最後に、とうせんさんからみなさん宛にメッセージをいただきました。


過去の私も、今のあなたのように「私なんてどうせムリ……」って思って通勤電車に揺られながら毎日を過ごしていました。そんなあなたの気持ちが、私にはすごーく分かります（笑）。

本当に、どこにでもいる普通の会社員だった私でも、仙道塾に入塾したことで今まで想像もできなかった売り上げや出会い、人生を過ごせるようになり始めました。

もし、今の私が今のあなたと同じだった過去の自分にアドバイスをするとしたたら、「人生は、出会いでほぼ決まる」と言います。

仙道塾でしたら、その「出会い」と「サポート」があなたを待っています。

よかったら、一緒に「副業」を始めて、今より精神的にも経済的にも楽しい人生を過ごしていきませんか？　きっとあなたのその夢や願いが叶うと思います。

STEP 2

好きなことを誰かに教える経験を積む

売れている人の企画を参考に、友人・知人に教えてみる

仕事というのは、お客様があってのものです。どんなに企画を練り込んだ商品やサービスでも、一人もお客様を見つけることができなかったとしたら絵に描いた餅であり、失敗です。

ですから、まずは友人や知人にお願いして、モニターとして最初のお客様になってもらいましょう。

「教える系」の仕事は特に、実際に教えてみてお客様の反応を見ることが大切です。その場、その場でお客様の反応を見ながら、臨機応変に表情や言葉遣いを変えて対応することも重要ですし、お客様が本当に知りたいことは何なのか、何を求めているのかのニーズやウォンツを拾い上げて、次の商品やサービスに活かす必要があります。

最初のモニターは無料でもかまいませんが、できれば少額でもお金のやりとりが発生するほうが望ましいです。少額でもお金の介在した取引となれば、あなたは緊張感をもって仕事に臨めますし、お客様も真剣に取り組むので成果が上がる可能性が高くなるからで

す。

どのような商品やサービスをつくるかについては、売れている同業者の企画を参考にしてください。

人の真似はしたくないと思う方もいるかもしれませんが、文言や内容をそのまま丸パクリするのでなく、オリジナルの表現に入れ替えていくのであれば、抽象的なアイデアに著作権はないので法律上は許容範囲です。

売れている人は、やはりお客様に支持される良い企画をつくっています。「副業」を始めたばかりの人が、まったくのゼロから良い企画を考えるのは難しいので、パクリにならないように気をつけながら、同業者の企画をモデルにするのが良いと思います。

他者を参考にしたり、モデルにしたりすることを「モデリング」といいます。「副業」で確実に早く成功するためには、モデリングが不可欠です。そもそも、学習とは「学ぶ」ことですが、これは「真似ぶ」から発展した言葉だと言われています。先生の挙動や所作を真似することが学習の基本であり、上達の近道だからです。

たとえばコーチングでもセラピーでも、あるいは柔道でも空手でも、師匠からやり方を教わるときには「私のやることをよく見て真似をしなさい」と言われるはずです。型を学んでその通りにやることが大切だからです。英語でも、習い始めた当初は「Repeat after me.」と耳にタコができるくらい聞かされます。

日本でも古来、「守破離」という言葉があります。まず型を学んで、それを忠実に「守」って実行して身につける。しかし誰もが学ぶ型をそのまま真似ているだけでは進歩がないので、型を「破」って新しいものを取り入れていき、最終的には師匠の型から「離」れて独自の型を生み出せるようになる――これが、上達の段階と言われています。

「副業」のマーケティングにおいても、最初は型をモデリングすることが最速で確実な手段です。不思議なことに多くの人は、技術はモデリングしても、マーケティングはあまりモデリングしていません。おそらく、コーチングやセラピーなどの「教える」内容は学んでも、マーケティングは学んでいないからでしょう。

しかし、マーケティングにも無論、売れるための成功モデルが存在します。体系立った勉強ができなくても、売れている人がやっていることをモデリングすることで、独学で型を学ぶことが可能です。私も最初はそのようにしました。

モニターからのフィードバックを基に改善する

さて、同業者を参考に企画を考えて、それを友人にモニターになってもらうところまではできたでしょうか？

初めての「教える」仕事は、いろいろ反省点が多かったことと思います。でも心配しないでください。初めから完璧にできる人はいません。誰でも最初は失敗が多いものです。大切なのは、その失敗を繰り返さず、そこから改善点を見つけ出して、自分を成長させることです。

まずはモニターになってくれたお客様から「どんなところが良かったか」「どんなところが不満だったか」「どのようなものがあったら、かゆいところに手が届いたか」など、フィードバックを受けてください。

そのフィードバックが、あなたの感じているものと同じであれば、あなたはお客様の反応をよく見ることができています。自信をもって先に進んでください。

もし、意外なことを指摘されたとしても、それは自分一人では気づくことができなかった良いフィードバックが得られたということなので、モニター試験をやってよかったと考えてほしいと思います。

フィードバックはそのままにせず、企画のブラッシュアップのために使います。

一般に「PDCAサイクルを回す」などと言われるように、計画（Plan）を立てて、それを実行（Do）し、うまくいったかどうかをチェック（Check）して、改善を施して新たなアクション（Action）を起こすことが、成長には不可欠です。

これは、セミナーやセッションなど「教える」ワークそのものだけではなく、ブログやSNSなどでの情報発信にも言えることです。

SNSなどで情報発信を続けていると、「いいね」の数などで読者の反応をうかがい知ることができます。

自分が「いい」と思う記事と、読者が「いい」と思う記事とは異なるので、書き続けながら、読者が「いい」と思う記事の量を増やすようにしていきます。

このような地道な努力を続けていくことが、「売れる」人への道になります。

SNSを使ってウェブ上でも「教える」ことを怠らない

リアルの友人や知人にモニターになってもらうことは、仕事の体験として非常に重要ですが、それと並行してブログやSNSなどで「○○コーチ」「○○セラピスト」「○○コンサルタント」などと名乗って情報発信をすることが大切です。

「教える系」の仕事にはさまざまな面がありますが、メインは「情報の伝達（発信）」です。お客様を目の前にして「教える」＝「情報の伝達」が仕事なのですから、ブログやSNSなどインターネットで情報発信をすることは、その良い練習になります。

ブログなんか書いたことがないという人も、しゃべるのは得意だけれども書くのは苦手だという人もいることでしょう。それでも、インターネットでのマーケティングや集客を意識するのであれば、ブログやSNSでの情報発信は不可欠です。

まず、人に何かを教えるには、自分自身が十分な知識をもっていることが前提になります。そのためには自分自身のたゆまぬ学習が必要ですが、実はインプットした知識を記憶として定着させるには、他人に対してのアウトプットが非常に有効なのです。

このアウトプットは、実際に誰かと対面して口頭で「教える」ことをしてもよいのですが、「副業」を始めたばかりの頃には、お客様の数が少なくて対面でアウトプットできる機会がほとんどありません。

また「副業」を始めた当初は、営業に出向くのでもない限り、おおやけに自分自身を宣伝する機会もありません。ややもすると、お客様がいないので何もできずに「自分は何をやっているのだろう」と落ち込んでしまう方もいます。そんなときに、モチベーションを高めてくれるのが、ブログやSNSでの「情報発信」です。

そもそもブログやSNSとは何かといえば、ただ楽しみのためにやっている方もいるかもしれませんが、大局的に見ると、その目的の多くは「広報宣伝」です。

ブログやSNSやユーチューブなど、インターネット上での情報発信は、書籍と同じく、お客様にとっては「有益な情報源」ですが、発信者にとっては「有益な情報をもっている私」の「広報宣伝」であり、自分を売り込む場として機能しています。

私も「ノウハウ実行コーチ」として開業した当初は、もちろんお客様が一人もいなかったので、とにかくその肩書きでブログを毎日書くことだけをしていました。ブログの内容はもちろん「ノウハウ実行コーチング」についてですが、それだけではネタがすぐになくなってしまうので「コーチング全般」とか「日々のちょっとした気づき」とか「読んだ本の感想」みたいなことも書いていました。

当初の目的は、とにかく毎日更新することでした。実は私は書くことが苦手でした。高校生の頃の国語の成績は平均点以下で、はじめは1本の記事を書くのに2時間もかかっていました。しかし、どんなに下手でも続けることが大切と信じて、継続しました。

ブログというのは記事が多く溜まっていけばいくほど、グーグルの検索結果で上位に表示されやすくなるので、あなた自身の資産になります。何かの拍子にそのブログを目にした人は、あなたのことをブログに書いてあるとおりに、プロとして認識しますし、そこに書かれた情報で救われることもあります。

シンプルに言えば、あなたがブログで優良記事を多く書けば書くほど、あなたのプロフェッショナル度が上がっていくということです。理由は以下のとおりです。

第一に、インプットとアウトプットを通じて、あなた自身の知識が向上します。ブログ記事というアウトプットを毎日続けるためには、否が応でもインプットもしなければなりませんから、自然と勉強量が増えるようになります。

第二に、インターネットの世界で優良記事を数多く発表していることで、プロフェッショナルらしく見えるようになります。インターネットの世界で質の良いブログ記事を数多くもつことは、リアルの世界で見栄えの良い建物に事務所を構えて大きな看板を掲げているのと同じです。

第三に、ブログ記事がたくさんあると検索などから訪問するお客様が増えて、そのうちにあなたの企画した商品やサービスが売れるようになります。もちろんそのためにはブログでの情報発信だけでなく、商品やサービスの企画開発や販売への導線をつくることが必要です。

売れる「教える系」の仕事をつくり上げるための4つの要素

ここまでの段階で、「教える系副業」を始める準備が一通り整ったと思います。

しかし、一通りのことができたからといって安心してはいけません。なぜならば、あなたのコンセプトがきちんと市場に受け入れられているかどうかは、読者の反応を待たなければまだわからないからです。

そこで、ある程度のことができたら、いったん手を止めて、自分のコンセプトを振り返る時間をつくってみましょう。

成功するコンセプトをつくるためには、以下の4つの要素が欠かせません。

【要素1】自分が「情熱」を傾けられるゴールの設定

あなたの本当にやりたいことは何でしょうか?

それを通して、どのような未来を描きたいのでしょうか?

私の場合は「サポート文化を広める」というビジョンをもっていますが、そのような目標ができたのはある程度成功してからです。最初はとにかく「成功したい」「バカにした奴らを見返したい」という気持ちが大きかったです。

何も高尚なビジョンやミッションを最初から設定する必要はありません。「年収1000万円」だって、それがあなたの本当にやりたいことであれば立派な目標になります。「業界ナンバーワンになりたい」でもかまいません。

しかし、本当はそれほど望んでないのに「年収1000万円」とか「業界ナンバーワン」といったゴールを立てても続きません。自分が本当に望んでいて、時間を忘れて情熱を傾けられることを目標に掲げましょう。

人生はそんなに長くありません。やりたくもないことをやり続けても幸せにはなれませんし、生産効率も上がりません。

私が「誰でも成功できる」というのは、誰でも、自分のやりたいことであれば、寸暇を惜しんでエネルギーを注ぎ込むし、頭を使って創意工夫する、つまり自分の存在をかけて投資するので成功することができるという意味です。

私自身、「本当にやりたいこと」を見つけるまでは失敗続きでしたが、ブログのコーチングには「情熱」をもって取り組めたので成功することができました。

【要素2】自分の「強み」のある分野で事業を興す

ある程度の年月を生きてきた人がもつ「強み」は、その人にとって情熱を傾けられる対象であることが多いものです。

情熱があるからこれまでにある程度の時間やお金を費やしてこられたのですし、時間やお金といったコストを支払ってきたからこそ、他人よりも上達して自分の「強み」となっているのです。

このとき、多くの人が自分の「強み」なんて、たいしたものにならないと、謎の謙遜をします。それは、あなたがその業界内にいるからそう見えるのです。

考えてみてください。あなたが柔道初段だったとしましょう。柔道の仲間のなかにいると、初段というのはぜんぜん強くないと感じられるかもしれません。しかし、柔道初段の人が格闘技の素人と実際に戦ったとしたら、まず負けることはありませんよね。すぐに相手を地面に倒すことができるはずです。

囲碁初段にも同じことが言えます。

あなたは業界のなかにいるから、自分の実力はたいしたことがないと思ってしまうかもしれませんが、業界外の人から見たらかなりの実力をもっていることが多いのです。そして、お客様というのはたいてい業界外の方ですから、あなたの「強み」は「副業」として十分にお金になり得ます。

【要素3】お客様のニーズやウォンツのある市場で事業を興す

どんなに「自分のやりたいこと」で、「強みのあること」であっても、お客様がいなければ「仕事」にはなりません。

私の場合は「自分のバンドで演奏する」ことがそうでした。音楽市場は決して小さくはありませんが、私たちのバンドの楽曲ではお客様を獲得できなかったのです。バンドメンバーのそれぞれの方向性の違いもありましたし、私自身が本当にやりたいことではなかったというのも大きいでしょう。

お客様のニーズやウォンツを意識することは、正しい市場を選んで良いコンセプトをつくるということだけでなく、実際に仕事を続けていくうえでリピーターを獲得して、お客様から支持される「売れっ子」になるためにも役立ちます。

仕事はお客様があってのものなので、どんなにレアな知識やノウハウ、卓越した技術があっても、お客様に「良かった」「役に立った」「求めていたものが得られた」と感じてもらえなければ「仕事」としては失敗です。

あなたの「やりたいこと」や「強み」を、お客様のために活かす「副業」を考えましょう。

【要素4】同業者の強みや弱みを分析して、市場競争に勝つ

お客様がたくさんいて、利益を上げることのできる市場には、必ず同業者もたくさん集まってきます。これを逆手にとって、最初に市場を選ぶときには同業者が多く存在する市

図表3　売れる「教える系」の仕事の4つの要素まとめ

要素1　自分が「情熱」を傾けられるゴールの設定

何も高尚なビジョンやミッションを最初から設定する必要はありません。やりたくもないことをやり続けても幸せにはなれませんし、生産効率も上がりません。

要素2　自分の「強み」のある分野で事業を興す

時間やお金といったコストを払ってきたからこそ、他人よりも上達して自分の「強み」となっているのです。あなたの「強み」は「副業」として十分にお金になり得ます。

要素3　お客様のニーズやウォンツのある市場で事業を興す

どんなにレアな知識やノウハウ、卓越した技術があっても、お客様に「良かった」「役に立った」「求めていたものが得られた」と感じてもらえなければ「仕事」としては失敗です。

要素4　同業者の強みや弱みを分析して、市場競争に勝つ

同業者と比較検討されたときに、あなたのほうが良いと思ってもらわなければ受注できません。しかし同業者をよく観察すると、その人に不足している部分、対応できていない部分が見えてきます。

場を選ぶという手もあるくらいです。

しかし、同業者が多いということは、それらの方々と比べられることになります。比較検討されたときに、あなたのほうが良いと思ってもらわなければ受注できないわけで、それなりの努力が求められます。

とはいえ、それほど心配する必要はありません。たとえば囲碁や将棋であれば強い人のランクは数値で表されて一目瞭然ですが、ビジネスでは、どの人を選ぶかはお客様それぞれで好みが異なるからです。

たとえば悩みを相談するなら、共感しやすい同性がいいというお客様もいれば、異性のほうが安心できるというお客様もいます。ちょっと怖いくらいの人に厳しく指導されたいというお客様もいれば、否定されるのは絶対に嫌なので優しくて包容力のある人がいいというお客様もいます。

お客様のニーズやウォンツは千差万別なので、「副業」を始めたばかりのあなたにも十分にチャンスはあります。

また、同業者をよく観察すると、その人に不足している部分、対応できていない部分が見えてきます。たとえば売れている同業者は時間が足りませんから、どうしてもお客様一人ひとりに対するサポートが薄くなります。だとしたら、あなたは「手厚いサポート」を売りにすることで、お客様を獲得することができるでしょう。

「強み」×「情熱」=「優位性」を探る4つの質問

では、次に「強み」と「情熱」を掛け合わせることのできる部分を探してみましょう。

Q1 あなたの資格、経歴、学習してきた内容など、「教える系」の仕事の強みとなるものを列挙してください。そのなかからアピールポイントとして弱いものを順番に捨てていったとき、最後に残しておきたいものは何ですか?

この質問は、あなたの「強み」がたくさんあるときに、あなた自身がどの「強み」を最も気に入っているか、こだわりをもっているか、アピールしていきたいかを探るものです。

最後に残しておきたい「強み」が、あなた自身のアイデンティティーにかかわる「好きなものです。

好きな「強み」を活かした「副業」を考えるときに、「強み」や「情熱」から考える方法と、「市場」から考える方法がありますが、最終的にはどちらも満たさないと成功しません。

ハードボイルド小説の探偵フィリップ・マーロウの有名なあのセリフ「タフでなければ生きていけない。優しくなければ生きている資格がない」ではありませんが、「副業」においては次のように言えます。

「強み」がなければ、始められない。

「情熱」がなければ、続けられない。

「市場」がなければ、成功できない。


では、あなたの「強み」を考えるために、次の質問にも回答してみてください。

Q2 あなたが意識して努力しているわけではないのに、なぜかお客様やメンターから褒められるところはどのようなものですか？　もし、まだお客様やメンターがいない

という方は、友人や家族から褒められるところでもかまいません。

努力をしていないのに褒められるというのは、あなたがもともと得意としている部分です。

そして、なぜそこを得意としているのかといえば、あなた自身の「情熱」が向いていて、自然とこだわってしまうところであるからだと思います。

それを別の言葉で言えば「強み」となります。

自分がこだわっていて「情熱」のある部分であっても、独りよがりだと、ビジネスにおける「強み」になりづらいのですが、他人から褒められるということは、本物の「強み」になっている部分と言えます。

それを起点に「副業」を考えてみてください。

この質問は、無意識にこだわっている部分を探すためのものでしたが、次は意識的にこだわっている部分にも目を向けてみましょう。

Q3 あなたが「教える系」の仕事を提供するうえで、意識的に「徹底的にこだわっている部分」はどこですか？　もし、まだ提供したことがなければ、イメージでもかまいません。

あなたが意識してこだわりをもっている部分というのは、あなたが「こうあるべき」「これが正しい」と強く思っているところで、「情熱」に関連する部分です。使い方を間違えなければ「情熱」は「強み」をつくるのに最も役立つものです。あなたが「情熱」をもって取り組んでいるこだわりは、あなたほどの「情熱」をもっていない同業者にはなかなか真似のできないものとなります。

「情熱」が「強み」となるためには、そのこだわりがお客様から支持される必要があります。できれば、お客様が喜んでくれる部分、褒めてくれる部分に「情熱」を傾けて、その長所を伸ばしていくように心がけてください。

Q4 あなたが過去に深く悩んだけれども、今は解決できたという悩みはありますか？

「情熱」や「強み」は、あなた自身の人生から生まれます。あなたが過去にとても悩んだり、コンプレックスを抱えたことがあり、それを今は解決できたというのであれば、同じように悩んだりコンプレックスを抱えたりしている人にとって、福音になる可能性があります。

私自身、高校生のときに学校で目立たない地味な少年だったことでいじめられたり無視されたりしたことがコンプレックスとなり、普通ではできない成功をして見返してやりたいという気持ちから、自己啓発系の勉強をしてコーチングで起業できるようになりました。

私の「成功したい」という気持ちは、真剣に「どうすればいいだろう」と試行錯誤する経験につながり、そこから本当に「成功」する道を見つけ出したことで解決しました。その解決策は、昔の私と同じようなことを感じている人に「ぜひ教えてほしい」と言われるようなノウハウになりました。

悩みやコンプレックスは、その渦中にいるときには恥ずかしく感じるものですが、解決したときには、他人にはすぐには真似のできないあなたの絶対的な「強み」になります。

いろいろな悩みやコンプレックスを抱えたどんな自分であっても、大切に扱ってあげてください。今はまだ試行錯誤の途中かもしれませんが、そこから抜け出したときには、その経験が大きな財産になるからです。

コンセプトをブラッシュアップするための3つの質問

頭で考えるだけでなく、実際にお客様に「教える」経験を積むことも大切です。

いきなり有料のお客様を獲得することは難しいでしょうから、まずは、あなたの「副業」の内容に興味をもってくれそうな友人・知人を探して「今度、ワークショップ（セミナー、教室）を開催しようと思うのですが、その準備として個人セッションにモニターとして参加してくれませんか？」と頼んでみましょう。

もちろん、事前に中身は十分に練って、モニターといえども友人・知人を失望させないようにしてください。同じ人は何度もモニターとして参加してくれないので、その1回はあなたにとって貴重な経験になりますし、あとで「お客様の声」をいただいてインターネットに掲載するためにも、最高のものを提供して絶賛をもらいたいからです。

何度かセッションを行ったあとで、今度はその経験を活かして、コンセプトにさらに磨

「教える系副業」のはじめかた
購入者限定無料プレゼント

本書をお買い上げいただきありがとうございます。
「教える系副業」をはじめたいあなたが行動できるように
【読者限定】で「3大教材」を無料プレゼントします

教材1 オーディオブック「教える系副業」のはじめかた

本書の全編をオーディオ収録したmp3データを無料プレゼント
通勤や移動の隙間時間で賢く、深く、脳内にインストール

教材2 特典動画 仙道本人が解説

これから「教える系副業」をはじめたい人に！
「未経験者が副業をスタートするコツ」を
仙道本人が動画で解説！

教材3 「強み発見10の質問」ワークシート ダウンロード

あなた独自の「強み」を見つけるワークシートで
本日から副業を最短・最速で成功させましょう！

3大教材は以下のURLまたは右のQRコードから
無料でダウンロードできます！

https://blog-positioning05.com/phps/

※プレゼントの詳細については株式会社マーケティングフルサポートまで。
プレゼントの有効期間は未定です。

きをかけていきましょう。

コンセプトをより良いものにするために次の3つの質問に答えてください。

Q1 「セッション中」にお客様から、もしくは普段の会話のなかで友人・知人や仕事相手に「詳しいですね」「もっと教えてくれませんか？」などと褒められたり、聞かれたりするのはどのような部分ですか？

モニターを集めて実際にセッションを行う最大のメリットは、お客様に模したモニター、つまり他者の目からあなたの「教え方」を点検できることです。

私たちは、自分自身を外側から見ることができません。

ビデオを撮影することでそれに近い経験ができますが、実際にしたことのある人はいるでしょうか。スピーチなどの練習には最適なのですが、実際に試している人はそれほど多くないでしょう。

自分が話す声は、自分で聞いているのと他人が聞いているのとで印象がかなり異なります。また、話しているときの目線、表情なども、自分で確かめることができないのでビデオチェックは必須です。

しかし、ビデオチェックの場合は、チェックをするのが自分自身なので、あくまでも自分の価値観に即した判断になります。そのため表情や仕草などはチェックできても、話している内容には批判が入りにくくなります。

ですから、お客様からの第三者評価は大切です。自分では何とも思っていないところが、意外とお客様にとっては「もっと教えてほしい」ところだったり、「知らなかったけど聞けてよかった」ところだったりするのです。

お客様が「もっと知りたい」と思うところは、あなたの「強み」です。自分では当たり前すぎて気づけないことが多いので、ぜひモニターチェックを行ってみてください。

Q2 あなたが「教える系」の仕事をこれまでに提供してきて、お客様に最も喜ばれたのはどのようなことでしたか？　もし「教える系」の仕事の経験がなければ、最も喜ばれそうなことをイメージして回答してください。

モニターチェックで知りたいのは、あなたが提供する「教える系」の仕事のなかで、お客様が最も喜んだポイントです。

「～についてもっと知りたい」というのは理性的なニーズですが、笑顔になったなど喜んだところは感情的なニーズです。理性よりも感情のほうが人間の購買行動に直結しているので、お客様が喜ぶポイントを知ることは商品をブラッシュアップするのにたいへん役に立ちます。

あなたはすべての時間、すべての内容に全力を尽くしてサービスしているかもしれませんが、そこにはお客様の感想がまだ入っていません。お客様の感情がどこで動くかを知ることで、よりいっそうお客様のニーズに合った商品をつくることができます。

ですから、「教える系」の仕事を行っている最中は、お客様の表情に注目してください。お客様が笑顔になったり、顔を輝かせたり、喜びを見せる瞬間があれば、そこがあなたの「強み」であり、追求すべきポイントです。

Q3 あなたの「教える系」の仕事を契約したお客様が、他の同業者ではなくあなたと契約した「決め手」は何だと思いますか？　もし契約したお客様がまだいない場合は、そのようなお客様をイメージして回答してください。

モニターチェックでは、お客様からのフィードバックを大切にするべきですが、お客様もまた言語化できていない部分があると知っておいてください。

たとえば、あなたが「なぜ私と契約してくれたんですか？」と聞いてみても「なんとなく」とか「良さそうだったから」とか「誘われたから」とか、そういったあいまいな答えしか返ってこないことがあります。

お客様の言語化能力にも限界がありますから、あなた自身がしっかりとセッションの最中や終わった後にお客様を観察して、その人があなたのどこに価値を見出しているかを自分でも判断する必要があります。

さて、お客様があなたを選んでくれた理由はいったい何でしょう？

知識が豊富だからでしょうか？　それとも優しく話を聞いてくれそうだからでしょうか？　親身になってサポートしてくれそうだからでしょうか？

そこで出てくる答えは、あなた自身が考える、あなた自身の「強み」です。しかし、一度お客様の目線を想像することで、より客観的な回答が出てくる可能性があります。

ビジネスで大事なのは、自分視点ではなく、お客様の視点に立つことです。

お客様はどのようなことで喜ぶのか？

お客様はどのようなところに不満をもつのか？

お客様はどのようなことにならお金を払ってもいいと思うのか？

自分で納得できる回答が出るまで、しっかりと考えてみてください。

これらの質問に答えていくと、同じような回答が何度も出てくるかもしれませんが、気にせずに続けてください。

回答のなかで数多く出てきたもの、また他人から見てインパクトの強いもの、珍しいものがあれば、それがそのままあなたの「売り」になります。

即答できない質問をされたときの対処法

初めてのお客様というのは、誰でも緊張するものです。それが強すぎて契約を取れないという人も多いのですが、その多くは「対応できなかったらどうしよう」という怖さです。

お客さんの要望に応えられなかったらどうしようという悩みで足が止まっている人が大勢います。契約をいただいて、その金額が高ければ高いほどプレッシャーがかかるのでしょう。慎重な人ほどこの壁をなかなか乗り越えられません。

これについては、私のコールセンター時代の話が参考になりそうですのでご紹介したいと思います。

結論から言うと、無茶な質問や要望がきたとか、想定外の質問が来たときには、いったん保留し、「後ほど折り返しご連絡させていただけますか?」と言えばいいのです。

これはコールセンターではよくある話で、オペレーターにもわからない質問はたくさんきます。特に新人の場合はわからないことが多いので、何でもすぐに答えられるわけではありません。そこで「お調べしますので、いったん保留させていただけますか?」と言って保留するケースもありますが、保留が長くなるとお客様に対して失礼になるため、やはり「折り返します」が正解です。

実際に「お客様、申し訳ございません。今、お調べしておりますが、少し時間がかかりそうですので、わかり次第折り返しお電話させていただいてもよろしいでしょうか?」と言って、怒られたことは私の場合は一度もありません。何百回とそうした場面に出くわしてきましたが、そこで怒る人はまずいませんでした。

ですから、わからないことにすぐに答えなくてもまったく問題ありません。無茶な要望をされたり、自分がわからないことを聞かれたりしたら、「次回までに調べてきます」とか「折り返しご連絡します」と言えば何とかなるので、そこをそれほど心配しなくてもいいという話です。

こういうことを言うと、「無責任」だと思う人もいるかもしれません。たしかにプロなら何でも即答できたほうがいいのですが、それができないケースは山ほどあります。

私がコールセンターで働いてよかったと思うのは、マニュアルでは答えられない話に対する耐性がついたことです。

当時は出勤すら憂鬱《ゆううつ》でしたが、それでも3年間働き続けられたのは、何かしら自分の行きたい方向と関係していると感じていたからでしょう。今振り返ると、そうやって常に負荷をかけられる環境が、自分を成長させてくれたと思います。

「教える系」の仕事では、自分の知らないことを聞かれることはよくあります。それに答えるのに時間がかかっても問題ありません。そこで怒るお客様はいないと思っていただいてかまいません。特に、「教える系」の仕事では先生と生徒の関係になるので、生徒が怒るということはめったに起こりません。

もしそれで怒るような人がいたら、返金して解約することを考えてもいいと思います。

生徒が怖いという方は、こちらの権限で解約できるようにきちんと契約書に書いておくことも一つの方法です。

副業実例2 **国際結婚の強みを活かした商品開発。たった9カ月で400万円超の売り上げを達成**

英語日記コーチ「岩田ジュリ」さんの場合

毎日たった10分の英語日記タイムで英語が話せるあなたに出会える英語日記ウーマン習慣革命
英会話初心者3000人以上のサポート経験から開発された今までにない英会話上達メソッド

岩田ジュリさんは、アメリカ出身のご主人と「副業」として英語コーチを始めてから、9カ月で400万円以上の売り上げを上げました。平均すると45万円の月収になります。会社で働きながらの「副業」ですから、かなり良いスタートと言ってよいでしょう。

岩田ジュリさんの商材は、オリジナルに開発した「英語日記」による30万円以上の高単価の英語コーチングです。毎日英語のやりとりができて、毎週ネイティブスピーカーと会話もできます。

その充実した内容に、最初に契約してくれた二人のうちの一人はほとんど英語が話せなかったそうですが、6カ月が経った頃には英語でインスタライブを配信できるようになるまでに上達しました。英語の知識以上に、自分は英語が話せるというマインドが身についたのが大きいのだそうです。

岩田さんが「副業」を始めようと思ったきっかけは、個人輸入業を営んでいるご主人の仕事が、新型コロナウイルスの影響でうまくいかなくなったことです。渡航が制限されて海外の展示会に行けなくなってしまったため、新商品が導入できず売り上げが下がってしまいました。

岩田さんは以前からアメリカ人のご主人と英語コーチングのビジネスのアイデアを温めていました。新型コロナウイルスの流行による営業不振をきっかけとして、実際に取り組むことにしたのです。

とはいえ、輸入販売業とコーチングはビジネスとしては大きく異なります。当初は、私の書いた『世界一わかりやすい「差別化ブログ」起業術』などの書籍で独学していたそうですが、正しくできているか自信がもてず、仙道塾の門を叩いてくれました。

仙道塾では、同じような目標をもつ仲間がたくさんいたので心強く、モチベーションも高まったそうです。

私はブログ集客をメインに教えていますが、まったくのビギナーがブログだけで最初のお客様を獲得するのは至難の業《わざ》です。というのも、一人もお客様を獲得したことのない方は、ブログに書く内容にも自信が感じられず、それが読者にも伝わって「実力がないのではないか」と思われて敬遠されてしまうからです。

ですから私は「まずは友人・知人・家族に声をかけて、最初のお客様（モニター）になってもらいましょう」とすすめています。そして、たとえモニターであっても少額の報酬をいただいたほうがいいと教えています。

実際にお客様からお金をいただくという経験がビジネスでは非常に大切だからで

す。

報酬や感謝の言葉をいただくことで自信がつけば、ブログの筆致も確信に満ちたものになって宣伝効果も高まります。

岩田さんの場合も、輸入業仲間に声をかけて、二人の契約に至りました。何でも素直に実行するのが岩田さんの良いところで、だからこそ結果が出るのも早かったのだと思います。

最初のお客様になってくれた知人は、輸入業を営んでいるにもかかわらず、ほとんど英語を話せないことにコンプレックスをもっていることを以前から知っていたので、ニーズがあると考えて声をかけてみたのだそうです。

岩田さんの開発した「英語日記メソッド」は、学生時代からずっと英語ができるようになりたいけどなかなか上達しなかったという自身の体験から生み出されたものです。

英会話スクールに通ったり、ワーキングホリデーの制度を利用して留学をしたり、それでもなかなか英語ができるようにならなかった岩田さんが、初めて手応えを感じたのが「英語日記」でした。

中学から大学まで10年間英語を習い続けて、それでもろくに話せるようになれなかったという岩田さんが、話せるようになった方法を、他の人にも教えたいとの気持ちが原動力になっています。

このように、自分の体験が根底にあって、同じような思いを抱いている人の助けになりたいという気持ちがあるビジネスには強さがあります。私が「強み」と「情熱」が大事だと力説するのはそのためです。もちろん「市場」という観点からも「英会話」の場合は、非常にポピュラーな習い事なので問題はありません。

英語コーチングの内容は、毎日、生徒にまず日本語で日記を書いてもらい、それを英語に訳してLINEで提出してもらうというものです。生徒が書いてきた英文を、ネイティブスピーカーのご主人がほとんどリアルタイムで自然な英文に添削して返します。このとき、音声も一緒に送ることで、英語表現のお手本ができあがります。生徒が自分の言いたいことを英語で表現したオリジナルの英語教材がつくられるのです。

次に、生徒はその英語表現を何も見ずに口で言えるように練習します。そらで真似できるようになったら、その音声を送ってもらって発音やイントネーションをチェックします。こうして、文章での表現も口頭での表現も声に出してアウトプットを繰り返すことで、掛け算九九のように言いたいことを言いたいときに瞬間的に言えるようになっていきます。

岩田さんは、この日記を毎日何回送ってもOKというシステムにしています。多い人は1日に10回以上も送ってくるそうです。当然、数多く書く人のほうが上達は早いです。

その他、週1回はテレビ電話で、ネイティブスピーカーのご主人と英会話レッスンをする機会も設けています。30万円以上のコーチングは高額に見えますが、この内容であれば、真剣に英語を身につけたい人にとっては妥当な価格なのだそうです。

高額商材を売るときに大切なのは、売る本人がその商品に本当に自信をもっていて、それだけの価値があると確信することです。その確信がないままに、自分でも「高いかもしれない」と思っているうちは、その気持ちが態度に表れますから、なかなか売れません。

個人事業で年収が億を超える人もいると言うと、驚かれることもありますが、それだけ革新的なサービスを開発して、ニッチでも確実にニーズのあるところに売り込んでいるから達成できるのです。

岩田さんの将来の夢は、アメリカ人のご主人とバイリンガルの子どもたちと一緒に、年の半分は日本で、半分はアメリカで暮らす二重生活です。そのためには会社を辞めて独立する必要があるので、今はその準備期間です。

今勤めている会社に不満はなく、仕事も楽しいし、職場にも満足しているそうですが、「副業」を始めてからは、会社勤めは時間を拘束されるという気持ちが強くなってきたそうです。

仙道塾で多くの起業家と交流したことで、自分も未来を変えられると感じられるようになった岩田さんは、将来は日本の英語教育を変えて、もっと英語を話せる人を増やしたいという大きな夢をもっています。

これまではどうせ無理だろうとあきらめていたようなことでも、自分の力で変えていける可能性があると感じられるようになったことが、いちばん楽しいそうです。

岩田さんからは次のようなメッセージをいただきました。

ビジネスは長期戦で、失敗はつきものです。失敗からは学ぶことが沢山あり、成長できます。失敗を大前提としてビジネスを始めれば、失敗したときのダメージも最小限に抑えることができ、前に進めます。ＰＤＣＡを回し続けることができる人が、個人ビジネスで成功できる人だと思います。

STEP 3

同業者と差別化して自分が勝てるポジションを見つけ出す

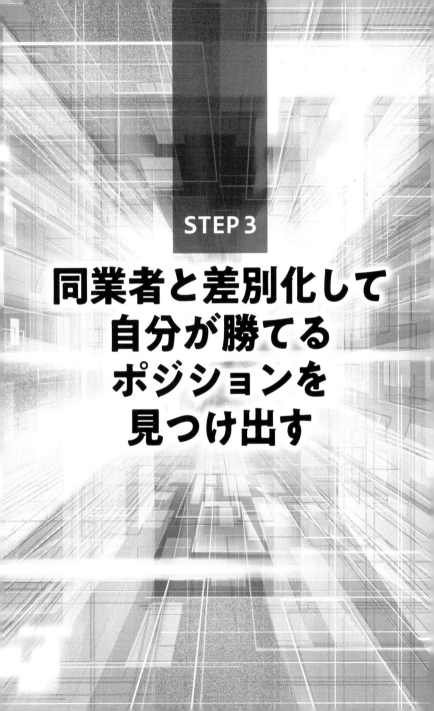

あえて同業者のいる市場を狙うことがポイント

「副業」というか、個人事業主として仕事をするにあたって大切なものが三つあります。

一つ目は「お客様」です。

仕事とは「お客様」がいて初めて成立するものなので、お客様、ひいてはその「市場」がないところでは、どんなにすごいことをしても趣味にしかなりません。

極端な話ですが、爪を伸ばし続けて世界一になりギネスブックに掲載されるのはすごいことですが、それだけでは仕事にはなりません。常に、どんな「お客様」がどれくらいいて、どのように貢献できるのかを意識しましょう。

二つ目は「強み」です。

「お客様」がいても、その「お客様」に提供できる「強み」がなければ、取引は成立しません。

「お客様」が報酬を支払ってもよいと思えるような何かを提供できなければ「仕事」にはならないのですが、それほど難しく考える必要はありません。

たとえば、道に迷っている人に道を教えるとか、隣にいる人が落とした物を拾ってあげるとか、そういったちょっとした親切でも「感謝の言葉」という報酬を得ることができます。そこに、あなたの「強み」をプラスすることで、比較的簡単に「仕事」は発生します。

たとえば、「草むしり」や「犬の散歩」は報酬のもらえる「仕事」になります。パソコンの操作がわからない人にちょっと教える程度なら「親切」ですが、毎週1時間の講義を3カ月続けられるのであれば「仕事」になります。

あなたの「強み」を「仕事」に変換するにはどうしたらいいかを考えてみてください。

三つ目は「同業者」です。

自分に「強み」があって、その「強み」を必要としている「お客様」がいたとしても、そのような市場にはたいてい「同業者」が存在するので、「お客様」の奪い合いになります。逆に言えば、「同業者」が存在しないような市場には「お客様」も存在しないので仕事として成立しない可能性があります。

ですから、あなたがやろうとしていることについて「同業者」がいるかどうかは非常に大切なチェックポイントなのですが、「同業者」がいればいたで、初心者は競争に負けてしまうのではないかと悲観的になってしまいがちです。

ここで大切なのは、「同業者」とは必ずしも同じ土俵で競い合う必要がないと知ることです。

あなたがこれから「副業」を始めようとしているビギナーであれば、すでにいる「同業者」は全員が、自分よりも実績を多くもつ先輩になります。そんな人たちを相手に真っ向から勝負したところで、到底勝てるとは思えないでしょう。

しかし、それは幻想です。すべてのお客様に選ばれるような１００％完璧で無敵の同業者など、現実には存在しません。

たとえば、あなたが愛用しているブランドを一つ思い浮かべてください。自動車だったらトヨタとか、スマホだったらアップルとか、バッグだったらルイ・ヴィトンとか、いろいろあると思いますが、そのブランドはあなたが好きというだけであって、必ずしも世界中の人に好かれているわけではありませんよね。

トヨタは全世界での販売台数が1位で、国内シェアも50％を超える有名メーカーですが、それ以外の車が好きで乗っている方も、周囲を見渡せば大勢いるはずです。「やっぱりベンツ」という人もいれば「ボルボがいい」という人もいます。「親が乗っていたから三菱が好き」という人もいれば、「日産の電気自動車がいい」という人もいるでしょう。どんなに強大に見える同業者でも必ず「お客様」のとりこぼしはありますから、ビギナーの方は、そのとりこぼし（ニッチな仕事）を狙っていけばいいのです。

私自身、今から6年前に「教える系の市場」に参入したときには、インターネット上にはきらびやかなカリスマコーチやコンサルタントがたくさんいて、「もう飽和状態だ」と思いました。しかし、派遣社員で失うものを何ももっていなかった私は、とにかく数万円でもいいから「副業」で収入を得たいと考えて、オリジナルの肩書きである「ノウハウ実行コーチ」を名乗ってブログを書き始めました。これだけ、コーチやコンサルタントが多いということは市場も大きいということだから、何かの間違いで一人や二人くらいは「お客様」を獲得できるのではないかと思ったのです。

結果として、一人目の「お客様」までは少し時間がかかりましたが、その後はトントン拍子に「お客様」が増えていきました。

実績ゼロ、経験ゼロ、資格ゼロの私でもできたのですから、あなたにできないはずがありません。

マーケットは広げない。とことん狭く絞る

実績ゼロ、経験ゼロ、資格ゼロの私が、どのようにして「お客様」を獲得したのでしょうか。

結論を先に言えば、ビギナーの戦略は、市場をできるだけ絞り込むことにあります。

たとえば、コーチングというのは何にでも使える技術ですから、初心者はどうしても「目標達成コーチ」などといった抽象的で幅の広いテーマで勝負しようとします。私自身、当初の肩書きは「ノウハウ実行コーチ」というあいまいなものでした（そして、まったく売れませんでした）。

「目標達成コーチ」というのは、一般的には、決して悪い肩書きではありません。誰でも「目標を達成したい」という気持ちをもっているからです。しかし「目標達成」という幅の広い市場で勝負すると、実績のある同業者がたくさんいるので、競争に勝つことができません。

そもそも「お客様」は「受験に合格したい」とか「起業して成功したい」とか「10キロ

やせたい」といった具体的な目標をもっているものなので、漠然と「目標達成」をかかげているコンサルタントよりも、「大学受験合格コンサルタント」とか「起業成功コーチ」とか「10キロやせるダイエットコーチング」などのほうに、より魅力を感じます。

ですから、あなたも「目標達成コーチ」と銘打つよりは「起業コーチ」とか「ダイエットコーチ」とか「恋愛コーチ」といったように、市場を絞っていくことが大切です。

もちろん「ダイエットコーチ」とか「恋愛コーチ」の範囲もかなり広いので「くびれをつくるダイエットコーチ」とか「女性の幸せな結婚に結びつける恋愛コーチング」というように、より狭い範囲にアプローチするとさらによいでしょう。

市場はできるだけ絞り込むべし、という話をすると「それでは見込み客の数が減ってしまうのではないですか?」という質問が必ず出てきます。

確かに絶対数としては減少しますが、そもそも「ダイエット」とか「恋愛」とか「起業」という分野は、かなり大勢の「お客様」が存在する市場です。そこで多少、ターゲットを絞ったところで、まだまだかなりの数の見込み客がいるはずです。

それに、これが最も重要なポイントですが、実績ゼロ、経験ゼロ、資格ゼロで「副業」を始めたばかりの人のところに、通常は「お客様」は寄りつきません。「お客様」に訴求する「売れる」ポイントがまったくないからです。

しかし、ターゲットをかなり絞り込んで、たとえば「浮気しない彼氏を見つけて長期的なパートナーシップを築く方法」だとか、「毎日たった5分の運動で楽にやせられる方法」というように、ピンポイントで売り出した場合、そのニーズにぴったりだと感じた方は、実績や経験や資格を度外視して「お客様」になってくれることがあります。

なぜならば、そのピンポイントのニーズを満たしてくれそうなコーチが、あなたしか見つからないからです。

別の言葉で言えば、自分がその分野の第一人者となれるまで市場を絞り込むのが、マーケティングの王道です。私も、売れるまでに肩書きを8回も変えました。最初は「ノウハウ実行コーチ」だったのですが、それではあまり売れなかったので、もっともっと市場を絞り込もうと、どんどん変更せざるを得なかったからです。

最終的には「個人起業家や副業家のためのわかりやすいブログ集客」というところまで絞って、「お客様」がつくようになりました。そのニーズをもつ「お客様」が一人見つかれば、あとはその「お客様の声」を実績としてアピールすることで、同じようなニーズをもつ「お客様」がどんどん集まってくることになります。

あなたができること、もっている時間、リソースは有限です。そのリソースを、大きな市場に向けて薄く広げてしまうと、目立たない低層の建物しか建ちません。それよりは、リソースを狭いエリアに集中させて、細く高い高層ビルをつくってください。どんなに細くても高層ビルであれば、遠くからでもすぐに見えるので「あの分野ならあの人が一番だ」と誰にでもわかります。

自分がその分野でナンバーワンになれるまで市場を絞り込むことが重要です。

自分の「強み」を「市場」とマッチさせる5つの質問

マーケットの絞り込み方にはいろいろな方法があります。

たとえば、自分がいちばんやりたいことで絞る——これは「情熱」を重視する方法で、自分の「情熱」を傾けられる分野であれば、自然と努力するのでナンバーワンになりやすいことを利用するものです。

逆に、「お客様」のニーズに合わせる方法もあります。私の場合がそうでした。私がコーチングを始めてブログで集客していたところ、やってきた「お客様」からブログでの集客方法を教えてほしいと言われることが多くありました。

最初は、それは企業秘密なので教えてもいいかどうか迷ったのですが、あまりにも多くのリクエストをいただくので「ブログでの集客を教えます」と市場を絞ったことで、成功への道筋がついたのです。

では、市場を絞り込むためにどのようなことを考えればよいか、次の5つの質問に答えてください。

Q1 ライバルに勝てるまで市場を絞り込むためには、どこまで細分化すればよいのでしょうか？

あなたが「副業」を始めるとき、同じ市場には、目標、もしくはライバルとでもいうべき同業者が存在しているはずです。

あなたが、目標もしくはライバルと認めたということは、それだけカリスマ的な魅力があって存在が大きいはずなので、見込み客の多くをその方に奪われると考えても間違いないでしょう。

では、その方に勝つにはどこまで細分化すればよいかですが、基本的には、自分がナンバーワンになれるような土俵ができるまでです。

たとえば、その方が「セールスコーチング」の第一人者で、そのままではとても敵わないとしても、「女性が女性客にセールスできるようになるコーチング」まで絞り込み、それがあなたのほうが得意というのであれば、そこまで細分化してしまってもよいと思います。

Q2 あなたの理想の「お客様」の性別は？　年齢は？　職業は？

市場を絞れば絞るほど、ターゲットとなる「お客様」のペルソナ（仮想顧客像）がはっきりしてきます。

たとえば「恋愛コーチング」であれば、老若男女すべてが対象になりますが、そのなかでもあなたが得意とする性別や年代があるはずです。

「自分の経験から若い女性の悩みに共感できます」という人もいれば、「自分が男性なので恋愛における、男性心理を女性に教えることができます」という人もいます。

そもそも「恋愛」の悩みをもつのは若い人が多いのですが、中年向けに「出会い、結婚コンサルティング」を行うという手もあります。

あなたの「強み」に合わせて、最も効果が出るような「お客様」とはどのような人かをイメージしてみましょう。その「お客様」をコアにしてターゲットを設定し、そこに訴求するような売り文句を考えてみましょう。

これはニーズから考えることもできます。

実際にブログやSNSなどウェブでの情報発信を始めてみると、あなたの発信に反応してくれる見込み客が見つかるはずです。それは、男性と女性のどちらが多そうですか？どの年齢層の購買率が高そうかわかりますか？

コーチングの内容によっては特定の職業の人にヒットすることもあります。市場を絞るとは、ターゲットを絞ることなので、しっかりとターゲットのペルソナを考えてみましょう。

Q3 ターゲット層はどのような「悩み、苦しみ」をもっていますか？ 逆に、どのような「願望、欲望」をもっていますか？ 細分化してみてください。

ターゲットのペルソナを設定するときに最も大切なのは、その人がどのような困りごとを抱えているかです。

人がお金を払ってもいいと思うのは、「悩み、苦しみ」から解放されるときです。たとえば、薄毛や肥満、ムダ毛を解消する方法などといったコンプレックスを解消するものは、着実に売れる市場となっています。

逆に、ポジティブに願望や欲望を充足することに対しても、人はお金を払います。たとえば「理想の恋愛（結婚）」や「経済的自由（起業）」、「憧れのスタイル（ダイエット）」が手に入るのであれば、ぜひその方法を知りたいという人は大勢います。

あなたの「お客様」はどのような「悩み、苦しみ」あるいは「願望、欲望」をもっているでしょうか？

それに対して、あなたはどのような解決策を提供できるでしょうか？

なお、見込み客の「悩み、苦しみ」についてリサーチをしたいときは、「Yahoo! 知恵袋」や「教えて goo お悩み解決掲示板」などの悩み相談サイトが参考になります。

Q4 あなたに頭を下げてお願いしてくる「お客様」がいるとしたら、その人にはどのような特徴がありますか？　また、その人があなたに要求してくるものは何だと思いますか？

これは、あなたが気づいていない、あなた自身の「強み」を浮かび上がらせるための質問です。

これまでに何度かセッションやワークを施してきていれば、自分のところに来る「お客様」の姿が見えてきているはずです。

しかし、それらの「お客様」が実際にどのような方なのか、明確に言語化できていないことも多いと思うので、この質問で典型的な「お客様」を頭のなかでイメージしてみてください。

そして、そのお客様に「○○をしてほしいです」と語らせることで、これまで明確に言語化できていなかった無意識の思考を表に出すことができます。

Q5 もし「いくらでもお金を払う！」と言ってくる「お客様」がいるとしたら、具体的

にはどのような変化に対して払うのだと思いますか？

この質問は、あなたの「お客様」が何に対してお金を払うのか、あなたの提供するサービスのうち、どの部分がお金になるのかを言語化するためのものです。

たとえば、あなたが英語コーチだとして、「お客様」は英検準1級を取得するためにお金を払うのでしょうか？

それとも外国人のパートナーを得るためにお金を払うのでしょうか？

あるいは外資系企業に転職するためにお金を払うのでしょうか？

海外に移住するためにお金を払うのでしょうか？

英語力をつけるというのがあなたの提供するサービスかもしれませんが、「お客様」にはそれぞれ夢や願望があります。お金を払うのは、その夢や願望を叶えるため、あるいは悩みや苦しみを解消するためですから、どのような「お客様」があなたの市場にいるのかをもう一度考えてみましょう。

同業者と差別化してマーケットを絞る4つの質問

次に同業者との比較で差別化を考えていきます。

どんなにマーケットを絞ってあなたのやりたいことに近づけたとしても、そのニッチな市場に強力なライバルがいたら最初は苦戦するのが目に見えています。

その場合は、ベテランのライバルをちょっと避けるかたちで、自分だけの新たなフィールド、新たな市場を設定する必要があります。

Q1 「お客様」があなたの商品や同業者の商品を比較検討するとき、「判断に使う価値基準」は何でしょうか？

マーケットを絞り込むうえで意識することは「その市場で自分がナンバーワンになれること」です。自分が一番であるかどうかを知るためには、同じ市場、あるいは隣の市場にいる同業者のリサーチも必要です。

ただ単に提供するサービスを差別化するというだけでなく、すでに存在しているサービスがどのようなものかを知ることで、自分のサービスを改善したり、既存のサービスに欠けている新たな企画を考えたりできるからです。

自分だったらどのサービスを受講したいと思うのか。自分の視点だけでなく、自分の「お客様」の立場に立って、同業者のサービスを検討してみましょう。

「お客様」の視点にもなってみましょう。

マーケットではどのような「基準」で、どのようなサービスが選ばれているのでしょうか。

「確実で安全」という基準が重視されているのか？
「忙しくても短時間で可能」という価値が選ばれているのか？
「誰でもすぐにできる」というお手軽さが受けているのか？
「社会貢献になる」という価値が人気なのか？
「値段の安さ」が絶対正義なのか？

このうち、もし「値段の安さ」が人気を得ているマーケットがあったとしても、そこで勝負するのはおすすめしません。

というのも「副業」の場合はあまり時間がとれないので、一定以上の収入を確保しようとすると、時間当たりの単価をどうしても高く設定せざるを得ません。

同業者の価格があまりにも安い場合は、どんなに手厚いサービスを用意しても苦戦が予想されるので他の市場を探すことも検討してください。

Q2 「お客様」が、あなたの複数の同業者に対して抱いている「不満」や、感じている「不便さ」はどのようなものでしょうか?

もっと直接的に、同業者に対する「不満」や「欠点」をリサーチすることは、さらに良い対策になります。

なぜ他ではなく自分を選んでくれたのかを、「お客様」に直接聞いてみましょう。そのときに、既存の同業者に対する不満や不信が出てくれれば、それがあなたの差別化すべきポイントであり、「強み」になります。

たとえば、「インターネットが苦手なので対面で教えてもらえる人を探していた」という声が出ることもあります。

「この業界はギラついた雰囲気を出しているコーチが多くて怖かったので、優しく安心できる雰囲気の人が良かった」という声が聞けることもあります。

「以前に受講したセミナーは内容が難しくてついていけなかったので、初心者向けのわかりやすそうなものを選んだ」ということもあります。

いずれも、あなたにとっては重要な訴求ポイントで、宣伝広告に使える内容です。

いろいろな同業者がいるのに、それを一緒くたにしてしまってよいのかという疑問をもつ方もいるでしょう。

しかし、業界というのは不思議なもので、売れている人をみなが参考にして真似をするので、なぜかどの業界もカラーが一つの方向に流れてしまう傾向があります。

もちろん売れている人はおおいに参考にすべきですが、そっくりそのまま真似をするのではなく、ぐっと踏みとどまって、その人に足りないところを分析して、部分的にはあえて逆をやることも大切です。

たとえば、私がサポートした方の一人はセールスコーチングで大きな売り上げを上げています。セールス系には押しの強い方が集まる傾向がありますが、そこをあえて「やわらかすぎてセールスできないコーチ」を売りにすることで、従来のセールスコーチングに違和感があった多くの「お客様」に支持されて成功しました。

Q3 あなたが同業者に対して「イラッとするところ」はどこですか？ 「イラッとする」理由と併せて答えてください。

同業者との差別化は、同業者のコンセプトを見て頭で考えることもできますが、あなた自身の「情熱」から見つけ出すこともできます。

たとえば、同業者のセミナーに勉強のために参加したり、広告宣伝を読んでいたりしているときに「イラッと」した経験はありませんか。

私の場合は、駆け出しの頃に勉強のために受けたコーチングで、コーチが私とろくに目を合わせてくれずに、ずっとパソコンの画面ばかりを眺めていることに「イラッと」しました。自分だったら、緊張しているであろうお客様に対してもっと丁寧に接して、リラックスしてもらうように手を尽くすだろうと感じたからです。

そこで「イラッと」しただけで終わらせてはいけません。あなたが「イラッと」したのは、「自分だったらこうするのに」という職業倫理があるからです。そこは同業者と比べたときのあなたの優位性になるので、その気持ちを大事にして、ますます自分に磨きをかけてください。

私の場合は、まだ「副業」を始めたばかりだったので、「この人がそこそこ稼げているのなら、自分はそれ以上に稼げるはずだ」という自信につながりました。

大事なことなので繰り返しますが、あなたが同業者に「イラッとする」のは、あなた自身がこだわっているのに同業者がしていない部分であり、あなたの大きな強みになります。

ただし、このとき、その「イラッとした」気持ちに、「嫉妬心」が混ざっていないかを確認してください。「嫉妬心」とは「自分のほうが上であるはずなのに相手のほうが結果を出している」ときに起きるもので「うらやましさ」が含まれています。「嫉妬心」が起きた場合は、なぜ相手のほうが結果を出しているのかを分析して、逆に相手の良いところを見習うようにしましょう。

Q4 同業者が真似をしたくても、すぐには真似できないと思われる、あなたの「教える系」の仕事の特徴はどのようなものでしょうか？

ビジネスの世界では、誰かが大きな成功を収めたときに、すぐに真似をする同業者が現われます。ビジネスのコンセプトや抽象的なアイデアは著作権で守られていないからです。ただし、キャッチコピーなどをそっくりそのまま模倣すると著作権法違反になります。具体的な文章やデザインは著作権で守られているからです。

売れるアイデアがある程度、真似をされるのは仕方がないと考えてください。私自身、駆け出し当初は、師匠のやり方をおおいに真似させていただきました。

私がサポートする生徒に対しても、私も含めて良いと思ったやり方やアイデアはどんどん真似をしてよいと言っています。

良いアイデアは時間差で真似をされてしまうので、短期的な差別化にしかなりませんが、真似できないものがあれば、あなたの大きな「強み」になるので大事にすべきです。

同業者に真似されないもの、時間をかけなければできるようにならないもの、真似をしたくてもできないと思われるものが何かあるでしょうか。

私の場合は、すでに売れている人ができない「手厚いサポート」を売りにしました。

売れている人は、数多くの「お客様」を抱えていますから、一人ひとりに割く時間が少なくなります。それに対して「副業」を始めたばかりの人は、一人の「お客様」にかけられる時間が十分にありますし、数少ない「お客様」を成功させていかねばならないので、一人ひとりにかける熱意も大きいです。

時間をかけた「手厚いサポート」はビギナーの特権ですから、あなたもぜひ活用してください。

その他、「美人である」とか「イケメンである」といった生まれつき備わった外見、「語学が堪能である」とか「高学歴である」など時間をかけなければ手に入れられない事実、「キャラが立っている」「話が面白い」などといった個性は、簡単には真似されないものなので「売り」になります。

USP(ユニーク・セリング・プロポジション)を完成させる

同業者の分析が終わったら、その材料を活かして、あなたのUSP（ユニーク・セリング・プロポジション：Unique Selling Proposition）を完成させます。USPとは、簡単に言えば「ライバルにないあなた独自の売り」のことです。

ＵＳＰを作成するにあたって取り入れたい要素は以下のとおりです。

【要素1】ターゲット層のほぼすべてが「お金を払ってでもほしい」と感じる

ＵＳＰはビジネスにおけるキャラ設定なので、「お金を払ってでもほしい」と感じられる魅力があることが大前提です。初心者が陥りがちな罠《わな》が「ユニーク」だけれども「セリング」ができないＵＳＰにしてしまうことです。

たとえば「あなたの脳タイプがわかります」というのは、ユニークですし見た人が驚くような引きがありますが、そもそも「脳タイプを知りたい」という人がお金を払ってまで知りたいというわけではないので、それだけでは売れる要素にはなりません。

この場合は何らかの説明を付加して、「脳タイプを知ればやせやすくなる」とか「脳タイプを知れば起業で成功できる」というところまで落とし込む必要があります。

【要素2】他の人には真似できない、あるいは真似するのに時間がかかる

よくできているＵＳＰは、他の人にすぐに真似されてしまいます。真似されないようにするには、他の人には真似のできない要素を入れる必要があります。

たとえば、実例2の岩田ジュリさんの「英会話初心者3000人以上のサポート経験」は、英会話スクールに勤めていた経験のある岩田さんだからこそ書ける言葉で、他の人には同じことが言えません。

私が標榜《ひょうぼう》している「1万5000人のサポート経験」も、PCトラブルのコールセンターに3年間務めなければ得られないもので、簡単に真似のできないUSPになります。

【要素3】リスクがあったり、他の要素とトレードオフになったりするので真似したくない

ライバルが真似できないものは、能力の部分だけではありません。

たとえば「成果が上がるまで何度でも無料で延長できます」などといった延長保証や、「最後まで試して成果がなかった場合は全額返金します」などといった返金保証は、売り上げ見込みが立ちづらいために、嫌がるコーチやコンサルタントが多くいます。

ただし、延長保証や返金保証を取り入れる場合には「最後まで実施すること」を条件に入れるとよいと思います。なぜなら延長保証も返金保証も、どちらも「お客様が全力でがんばったのにもかかわらず結果が出ない場合は教える側の責任」という考え方だからです。ちょっと試してすぐにやる気を失ってしまうようなケースは、お客様のためにもなら

図表4　USPを完成させるための4つの要素

要素1　ターゲット層のほぼすべてが「お金を払ってでもほしい」と感じる

USPはビジネスにおけるキャラ設定なので、「お金を払ってでもほしい」と感じられる魅力があることが大前提です。「ユニーク」だけれども「セリング」ができないUSPにしてしまわないようにします。

要素2　他の人には真似できない、あるいは真似するのに時間がかかる

よくできているUSPは、他の人にすぐに真似されてしまいます。真似されないようにするには、他の人には真似のできない要素を入れる必要があります。

要素3　リスクがあったり、他の要素とトレードオフになったりするので真似したくない

ライバルが真似できないものは、能力の部分だけではありません。返金保証や無料延長は、売り上げ見込みが立ちづらいために、行っていない人が多くいます。

要素4　ライバルがまだ主張していない新しさやインパクトがある

自分のやりたかったアイデアやキャラが、すでにライバルにとられていた場合、ちょっと新しい要素を付け加えるだけで差別化ができることもあるので、あきらめずに工夫してみてください。

ないので、保証の対象外にするほうがよいでしょう。

【要素4】ライバルがまだ主張していない新しさやインパクトがある

USPはユニークでなければならないので「新しさ」や「インパクト」が重要です。同業者を分析するのは、主張やキャラがかぶらないようにするためです。もしもかぶってしまった場合には〝二番煎じ〟と見なされて集客が難しくなるでしょう。

もし、自分のやりたかったアイデアやキャラが、すでにライバルにとられていた場合、残念ながらそのまま使うことはできません。しかし、ちょっと新しい要素を付け加えるだけで差別化ができることもあるので、あきらめずに工夫してみてください。

USPで最も大事にすべきことはお客様にとっての利益

USPを作成するにあたっての最重要ポイントは、ベネフィットが「顧客ウォンツ、ニーズ」を十分に満たしているかどうか、という点です。

ベネフィットとは「お客様の利益」を意味します。

USPというのはセールスのための「売り文句」なので、お客様に強烈なベネフィットがなければお金を払ってはもらえません。

ですから「誰に」「何を」提供して、それが相手にとってどのような利益になるのかをしっかりと考えてください。

たとえば、ここに何の変哲もないペットボトルの水があるとして、この水をお客様に売るためにUSPを考えてくださいという質問を出したとき、受講生の多くが挙げてくるのは次のような例です。

「おいしい水です」

「とても安いです」

「ミネラルが豊富です」

「売り上げを募金できます」

これらは一見ベネフィットに見えますが、実はお客様にとってのベネフィットになっていません。

お客様にとってのベネフィットに落とし込むためには「それが相手にとってどんな利益になるのか」とか「それで相手はどのように変化するのか」というところまで考えてほし

いのです。

単に「おいしい水です」ではなく、「おいしい水なので、ジュースを飲まなくなって、やせられます」。

単に「とても安いです」ではなく、「とても安いので、お金が節約できて貯金が増えます」。

単に「ミネラルが豊富です」ではなく、「ミネラルが豊富なので、健康な体づくりに役立ちます」。

単に「売り上げを募金できます」ではなく、「売り上げを募金できるので、社会貢献ができます」。

このように、お客様視点で考えることが重要です。

お客様にとっての利益は、大きく分けて「機能性」と「感情性」の二つになります。

「機能性」とは、すぐにできる、楽にできる、簡単にできる、安全にできる、確実にできる、安くできるなど、主に利便性を強調するものです。

「感情性」とは、自由になれる、優越感が得られる、安心感が得られる、達成感が得られる、成長できる、自己実現できるなど、感情的な喜びを強調するものです。

ベネフィットにはどちらの要素も必要ですが、特に「感情性」は絶対に欠かせない要素です。

では、ベネフィットの例を5つのパターンで見ていきましょう（図表5）。

これらのベネフィットはあいまいにぼかすのではなく、はっきりと言い切ることで、お客様に訴えかけることができます。つまり具体的にイメージできて、お客様の感情を動かすようなビビッドさがあるということです。

たとえば、以下のようなものは今ひとつです。

「ワクワクカウンセリング」

「幸せになれるセラピー」

「キラキラ輝くコーチング」

これらは、その講座を受講することで何がどうなるのか、お客様に具体的にイメージしてもらうことができません。

具体的とは、次のようなものを指します。

「未経験から、一度モデリングするだけで、月100万円以上の継続安定収入を目指せる！　さらに、働く時間をどんどん減らしながら、クライアントの幸せを劇的アップ！

図表5　ベネフィットの5つのパターン

ベネフィット	例
(1) 短時間で可能	「すぐにできる」「早くできる」など、時間がかからないことを訴える言葉です。「スキマ時間でできる」など、相手に合わせて表現を変えるとよいでしょう。
(2) 簡単に可能	誰でもできる、難しくない、という点を強調して、参加の敷居を低くする言葉です。「これだけで」とか「楽にできる」などのバリエーションをつけます。
(3) 確実性がある	お客様が知りたいのは自分にとって効果があるかどうかです。「すぐにできる」「楽にできる」などの言葉だけでは裏付けがありません。そこで「300人が成功した」とか「受講者の 90%が 100 万円以上の売り上げアップ」など実績を提示することで、自分にもできると感じてもらえます。
(4) 権威性がある	「権威性」とは、相手に安心感を与えるものです。私の場合は「1 万 5000 人のサポート」と人数を使いましたが、それ以外にも「9 年連続で」など時間を強調する方法、「医師も愛用」など社会的に信用のある人にも選ばれていることを打ち出すといった方法があります。
(5) 社会性がある	「権威性」と似ていますが、より幅広く安心感を与えられるのが社会性です。たとえば「業界シェアナンバーワン」とか「1 万人以上が学んできた」などの言葉で、社会的に広く認められていることを示します。

500名以上を売り上げアップさせて、『億超え』コンサルをも生み出した『トップ1％のコンサル起業の5大奥義』を〝わずか3時間〟でスピード学習しませんか？」

これは私どもの提供する「新・サポーター型コンサルタント養成講座」のセールスコピーです。この講座を受けることでお客様がどうなるのかが明確になっていることと思います。

しかし、ベネフィットをはっきりと言い切っていても、その裏付けになる「理由」や「証拠」がなければ、うさんくさい感じになってしまいます。

先ほどの例では500名以上を売り上げアップに導き、「億超え」コンサルをも生み出したという実績で「裏付け」をしています。

実績は、「なぜあなたでなければならないのか」を簡単に証明できる良い手段なので、積極的にアピールしていきましょう。

また、数字などのデータだけではなく「感情」に訴えかけるような「理由」を入れると、より強烈にお客様の印象に残るでしょう。

「感情」に訴えるとは、その講座を受けることでどのような利益が得られるかの説明ではありません。なぜあなたがそのビジネスをやっているのか、夢や理想を語ることでお客様の共感を呼ぶことです。

たとえば私の場合は、「サポート文化を世の中に広めたい」という夢があります。ミッションやビジョンを語ることで、お客様の心をつかめることもあります。

ユニークで斬新なUSPをつくる2つの質問

ベネフィットを明確に言い切ったUSPであっても、「どこかで見たことあるな」とか「○○さんと何が違うのかな」などと思われてしまったら、その効果は半減します。

ベネフィットをアピールするのは大前提として、USPはとにかく他社との違いをハッキリと打ち出した、ユニークなものでなければなりません。

言うは易《やす》し、行うは難《かた》しなのですが、理想は「これは今までになかった！」とか「ありそうでなかった！」とお客様に思ってもらえるようなUSPです。

たとえば、「やわらかセールス」は、セールスが強引な押し売りのようなイメージもあるなかで、やわらかくても大丈夫と多くの人を勇気づける秀逸なUSPでした。

あなたのユニークさを見つけるために、再び質問を用意しました。これらの質問は、あなたが、いろいろなことを考えすぎてぶれてしまったときに、「強み」や「情熱」を再確認させてくれるものです。

Q1 すぐに、あなたのコアな「ファン」になる可能性の高い「お客様」はいますか？
それはどのような人ですか？

あなたの良さや強みは、あなた自身よりもあなたの「ファン」のほうがよく知っていることがあります。あなたが当たり前だと思っているあなたの魅力を見つけてくれているのが「ファン」だからです。

あなたの「ファン」になってくれているお客様がいれば、「どこを気に入っているのか」を直接、聞いてみてもよいでしょう。聞くことがためらわれるのであれば、その人をよく見て、どのようなところにあなたの価値を見出しているかを分析しましょう。

Q2 あなたの教える内容のどこがどのようにすごいのかを、一言で説明してみてください。

あなたの無意識に聞く質問です。一言で、と言われると、人はいちばん核になるものを無意識に探りあてます。

もちろん、あなたの教える内容にはさまざまな魅力があると思いますが、いちばん伝えたいことは何でしょうか？

それを一言でいうと、どのような表現になるでしょうか？

もしかすると、その一言が何よりも強力なＵＳＰの核になるかもしれません。

ＵＳＰは、お客様から見て「心理インパクト」が強いものが理想的です。

人間は、自分が思っているものと異なるものが出てきたときに「心理インパクト」を大きく感じて、心を揺り動かされます。このような「心理インパクト」をつくるためには、ターゲットの「心の常識」を破壊できないかと考えてみる必要があります。ストレートな表現ではなく、自分が伝えたいことを一回ひねって、逆さまにして表現できるかどうかを考えてみましょう。

たとえば、次のような事例は「心理インパクト」をもたらす秀逸なＵＳＰでした。

・青汁「まず～い、もう一杯！」

・〝口下手男性〟ほど上手くいく、不思議なモテ会話術
・ウェブもチラシも使わない「非常識なサロン集客術」

副業実例3 **会社での評価が人生のすべてではない。副業で3年連続年商1200万円を達成**

インナースター開花セールスコンサルタント「立花静人」さんの場合

「内向的なあなたにあった成功法則で年商1000万円の壁を突破する」――これが立花静人さんのうたい文句です。

その言葉通り、立花さんは自身が「副業サラリーマンで3年連続年商1200万円を達成」「お客様も7カ月で1154万円達成させたセールスの専門家」です。

しかも立花さんは、これらを顔出しもせず、会社にもバレずに行っています。これだけの実績を上げていても、特別なお客様以外は立花さんの顔を見ることもできない

のです。もちろん立花静人というのも本名ではありません。漫画『青春改札口』（講談社）の主人公の名前から取ったビジネスネームだそうです。

立花さんが「副業」を始めたのは48歳のときで、現在は54歳です。今の「副業」にたどりつくまでの経緯はいろいろと複雑でした。

平日は会社員としてセールスを担当している立花さんですが、子ども時代のトラウマからくる生きづらさに苦しめられていて、若い頃からヒーリングやセラピーに興味をもっていました。そのうちに、自分を癒《いや》すために自分でもセラピーを行うようになり、インナーチャイルドセラピストとして活動するようになりました。もちろん、当初は趣味の範囲にすぎませんでした。

「副業」としてセラピストを始めようと思ったのは、48歳になり自分の人生を改めて見直したことがきっかけです。

会社ではやりがいも生きがいも感じることができず、家族を支えるため、お金のために嫌々仕事をしていたという立花さんは、このままでは自分の人生は先が見えていると感じて、何か行動を起こしたいと考えたのだそうです。

立花さん自身の言葉を借りれば、次のようになります。

「自分の可能性を会社員の評価だけであきらめたくなかった。会社員ではできない、自分の得意なことでどこまで自分だけの力で収入を得られるか試してみたかった。自分の力はこんなもんじゃないと証明したかった」

この気持ちは私にもよくわかります。私自身も高校時代に陽の目を見ない経験をしたことから「自分の力はこんなもんじゃない！」と成功への渇望を抱くようになったからです。

立花さんは次のようにも答えてくれました。

「会社などの組織では、トップや上司の価値観や、好き嫌いに合わせることで評価も上がり収入も増えるが、反面、自分の大切な価値観や思いを押し殺して人事権をもった上司に従わないと評価も収入も下がる。人事権をもった上司に合わせることは精神的な苦痛が大きく、自分の心や魂を殺して生きることになる。自由な時間も制約され、収入も限度がある。これに対して、個人でのビジネスは自分の大切な価値観や思いを大切にできる。他人の物差しで評価されるという苦痛は少なくなり、自分の心と魂を尊重しながら収入が得られるので、会社などの組織で働く場合と比べ物にならないくらい精神的な満足度や幸福度が高い！」

これも多くの人が賛同する考え方ではないでしょうか。

会社で働く場合と、個人事業主の場合とで何がいちばん違うかといえば、仕事の裁量、権限の大きさです。会社で働く場合は、お客様のためにはこうしたほうがよい、会社の業績を上げるにはこうしたほうがよいなどと思っても、上司に反対されればそれでおしまいです。それに対して、個人事業主の場合は、自分が社長ですから上司はいません。自分で思ったことはすべてそのまま取り組むことができます。

何でも自分の思いどおりに実行できるので、会社などの組織で働く場合に比べてストレスは大きく軽減します。

一方で、個人事業主には別のストレスがあります。

それは「お客様を獲得できない」→「お金が減っていく」というものです。

会社員の場合は、出勤して働いてさえいれば、時間の拘束によって約束された給与が支払われます。収入の範囲内に支出を抑えている限り、キャッシュフローが回らなくなることはありません。言われたことだけをやって安定収入を得たいというアルバイト感覚の人には、会社勤めのほうがずっと気楽で、安心できる働き方かもしれません。

立花さんもそのことはよく理解しています。なにしろ「副業」で年収1200万円の立花さんが、独立せずに会社員を続けているのは、起業の難しさもよくわかっているからなのです。

自らのことを「石橋を叩いても渡らない」くらい慎重な性格だと形容する立花さんは、起業のメリットとデメリットを十分に理解しているので、他人に対しても安易な起業はすすめていません。

立花さんは起業について、次のように語ってくれました。

「集客・ブランディング・セールス・コンセプトなど、全部自分で考えて決め、収入も集客も全て自己責任となるので、うまくいけば楽しいが、うまくいかない場合のほうが多く、5年以内に8割の個人事業主が倒産する世界。普通に働いていれば、時間や日数で給料が決まる組織と、どれだけ時間をかけてがんばっても収入0円の場合もある起業は、どちらが良いとは一概に言えない。起業の場合はすべて自己責任。売れるのはほんのひと握りの人だけで、実際は、組織勤務よりキャッシュフローが悪い場合が多い。ウェブで集客している起業家はみんな儲かっていると言うけど、嘘や偽物が多い。それに騙《だま》される人も多く、弱肉強食が実態である」

立花さんの慎重さは、「副業」でも発揮されています。立花さんが「副業」を始めてから7年になりますが、途中で投げ出すことはなく地道に結果を出し続けているのは、その慎重さがプラスに働いているからでしょう。

また、「副業」を始めた当初は、恥ずかしかったので家族にすら内緒で行っていたそうですし、いまも会社にバレないように、自分の住んでいるエリアのお客様に対しては、たとえオンラインであっても顔を出さないように用心しています。

実は立花さんは私が開催している仙道塾のことも5、6年前から知っていたのですが、軽々と信用することなく、私が「本物」かどうかを何年もかけて観察されていたのだそうです。最終的に「本物」であると判断されて、仙道塾にご入会いただけたのですから嬉しい限りです。

そんな立花さんですから、いきなり幅広いビジネスを展開することなく、様子を見ながら慎重に進めたため、初期の月商は3万円程度しかありませんでした。これは、当時扱っていた商材が「インナーチャイルドセラピー」というもので、市場がそれほど大きくなかったことも関係しています。

やがて立花さんは、本業でセールスをしていることもあり、市場ニーズに合わせて

「セールスコンサルティング」へと鞍替えします。

そこで立花さんが受講したのが松尾可奈さんの「やわらかセールスコーチング養成講座」でした。松尾さんの「やわらかセールス」のコンセプトは私がサポートしてつくり上げたもので、いわば立花さんは孫弟子にあたります。

松尾さんの「やわらかセールス」を受講してから、立花さんの「副業」の年商は400万円にまで上がりました。その数年後、満を持して仙道塾に入会されて、年商1200万円を達成しています。

「インナーチャイルドセラピー」の手法も用いて「セールスコンサルティング」を行っている立花さんは「魂の望む生き方」を重視しています。これは私が、自分のやりたいこと、情熱を傾けられることをしましょうと教えているのと同じ意味です。

英語で言えば「have to（～しなければならない）」と「want to（～したい）」の違いになりますが、会社に勤めていると、たいていの人は会社や上司の方針に従って「have to」で生きざるを得ません。しかし、人が最も輝けるのは本当にやりたいことを「want to」に従ってやっているときです。

立花さんは「会社組織では人事権をもった上司に好かれれば昇進できるが、嫌われれば昇進できず、実力が公平に評価されない」と指摘します。そこで会社内での地位が絶対になってしまうと自己評価が下がるので幸せに生きることができません。自己肯定感を高めるため、「副業」で自分の実力で勝負するという生き方は、一つの選択肢です。

いずれにせよ、企業によっては50歳を超えれば役職定年が来ますし、定年になれば嘱託社員として、かつての部下の下で働かねばなりません。自尊心や自己重要感を満たしたいと思ったときに、会社はその受け皿にはなってくれないのです。

自分の生きがいや充実感を求めた人が「起業」や「副業」に行きつくのは、ある意味では当然のことかもしれません。

立花さんも今はまだ模索中ですが、自分の納得するようなビジョンやミッションが見えてくれば「副業」ではなく、会社を辞めて「起業」するかもしれないと話してくれました。

とはいえ、本当にやりたいと思っていないのに、ただ周囲からの賞賛がほしいだけで「副業」などを始めるのはやめたほうがいいと、立花さんは警告します。その場合は、リスクをとってチャレンジすることができなくなるので、結局はうまくいかないからです。

立花さんからは読者に向けて次のようなメッセージをいただきました。

経験なしでいきなり起業すると、「思っていたのと違う！　こんなことをしないといけないなら、本当はやりたくなかった！」などと感じてしまう人がいます。好きなことだったとしても、起業というのは「やりたくない嫌なこともいっぱいやらないかん！」ものです。起業すると「サラリーマンのほうが良かったこともいっぱいあるんだ！」と気づけるので、安定収入を維持しながら、安全に冷静に経験を重ねることができます。夢と現実（家族を養うための安定収入）をバランス良く体験しながら、何度でもやり直せるのが副業のメリットだと思います。

STEP 4

ウェブを駆使して
全国各地から
「お客様」を集める

否定・批判を恐れない。ウェブ集客は継続させる

ＳＴＥＰ１～３までで、あなたの「副業」のコンセプトが固まり、ＵＳＰも完成しました。その過程で、リアルの友人、知人、家族等をモニターにしてセッションやセミナーの経験も積み、有料のお客様を相手にする体験も重ねたことと思います。また、ブログを書く練習なども通して、実際にどんなことをやっていくべきかを体験したことでしょう。

ここからは本格的にウェブでの集客とビジネスの展開を学んでいきます。

まず、ウェブというものは、多くの人の目に触れる大きな広告掲示板のようなものだと考えてください。そこにはブログ（アメーバブログ〈以下、アメブロ〉）、ＳＮＳ（フェイスブックやツイッターなど）、動画（ユーチューブ）、広告（ＰＰＣ広告やフェイスブック広告）など、さまざまなチャンネルがありますが、いずれも目的は一つで「広告宣伝」です。

さて、ウェブを見ている人のなかにはさまざまな悩みや欲望を抱えた見込み客がいます。あなたが提供するサービスにニーズがある人を見つけ出して受注へとつなげるのが、ウェブ集客の骨子です。

では、どのようにして見つけるのか。

基本的には、あなたのほうからお客様を見つけることはできません。お客様のほうから、あなたを見つけ出してもらうのです。そのために欠かせないのが、ブログやSNSや動画などにおける広告宣伝です。あなたは「このような悩みを解決します」「このような願望の達成を手助けします」と一生懸命に情報発信をして、それに目を留めたお客様を引っ張ってくるのです。

ここで大切な心構えがあります。

まず、ウェブを見ている方のすべてが、あなたのサービスにフィットするわけではないということです。むしろ、あなたの提供するサービスにニーズのある方というのはごく一部だと考えたほうがいいでしょう（それでも、あなたがリアルで出会う人数に比べたら膨大な見込み客がいます）。

多くの方はあなたの「広告宣伝」を気にも留めませんし、なかにはたまたま機嫌が悪かったとかで批判してくる人がいるかもしれません。

しかし、批判や悪口を恐れないでください。そこで「広告宣伝」を止めてしまうと、あなたのサービスを本当に必要としている人のところまで情報が届かないからです。

もしあなたのサービスに本当に価値があって、必要としている人が必ずどこかに存在していて、その人があなたのサービスを受けて幸せになるのだとしたら、無関係な他人の批判や批評を気にしている暇なんてありません。

ビジネスとは、世の中に付加価値をもたらすことです。自分のしていることは、世の中のためになることだという使命感をもって、恐れずに突き進んでください。

見込み客があなたの「広告宣伝」に目を留めたとします。その次に起きるのは、その方がさらなる情報を求めて、あなたのウェブサイトやブログを訪問することです。

あなたが発信しているのは、あなたからすれば「広告宣伝」ですが、見込み客からすれば「自分の役に立つかもしれない有益な情報」です。さらなる情報を求めてブログを読み始めた見込み客には、できればあなたの「ファン」になってほしいものです。

人と人との出会いにも言えることですが、ひとめぼれで熱烈な「ファン」になるというような事態は、めったに起きることではありません。何度も何度も接触を繰り返して、だんだんと信頼関係を深めて、あなたに対して「お金を払ってもよい」と思ってもらえるようになるくらいに信頼関係を築かねばなりません。

何度も接触を繰り返すといっても、顔の見えない見込み客にあなたからアプローチする方法は、最初は文章しかありません。キャッチコピーやブログの内容を練って、何度も訪問してもらえるように更新を繰り返しましょう。

SNSであれば、相手から声をかけてもらえれば会話を交わすこともできます。いきなり商品を売りつけるのではなく、まずは相手との信頼関係を築いてください。

アカウントとかメールアドレスとかの連絡先を入手することができた見込み客を「リスト」と呼びます。LINEのグループ登録とか、あるいはメルマガに登録してもらうなどの方法で、リストを得ることができます。

このリストは「あなたの商品に興味がある見込み客の連絡先」なので、ビジネスにとっては何ものにも代え難い大事な資産です。会社でいえば「顧客リスト」にあたるもので、広告費用など、多少の投資を行ってでも獲得する価値があります。

個人事業主の場合、このリストが100もあれば、年商で200~500万円を稼ぐことができます。リストの見込み客の全員に5万円の商品を買っていただければそれで500万円になりますし、全員というのは無理でも、半数に10万円の商品を買っていただければ、やはり500万円になります。

リストというのは多ければ多いほどよいと思われがちですが、そんなことはありませ

図表6　ウェブ集客からセールスまでのイメージ

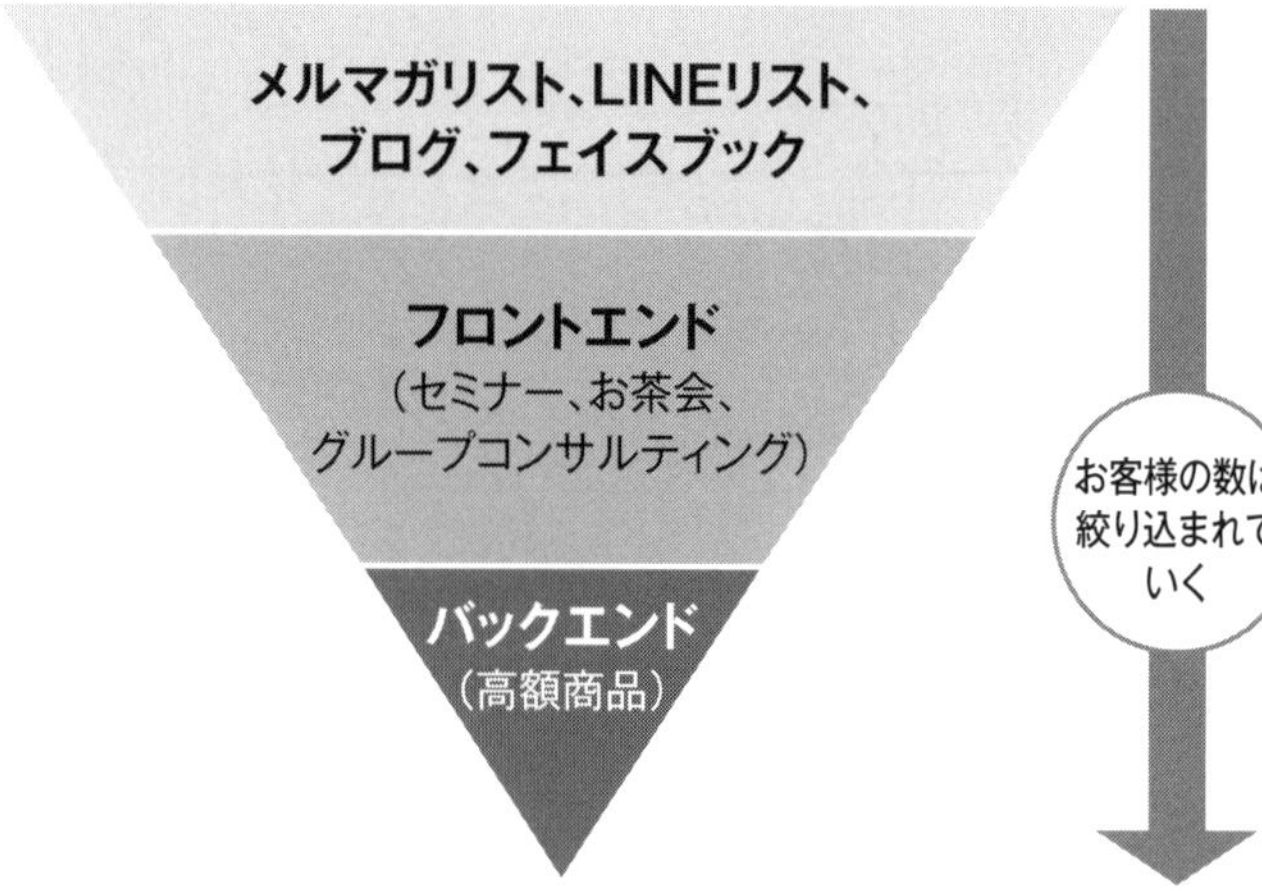

ん。

個人事業主の場合、それほど多くのリストがなくても十分な年商を上げることができます。私のサポートした方のなかには、260のリストしかないのに年商1600万円を超えた方もいます。

では、リストからどのように受注に結びつけたらよいのでしょうか。

リストをメールアドレスのわかっている見込み客、つまりメルマガリストであると仮定した場合、定期的にメルマガを送ることでどんどん信頼関係が深まり、そしてメルマガから商品の販売を告知することで、一定数の購買が期待できます。

もちろんここには販売のテクニックがあ

って、たとえば段階を踏んでお客様との関係を築いていくステップメールとか、最初は低額のセミナーやお茶会やグループコンサルティングなどの低額商品（フロントエンド）でお客様と会う機会をつくり、そこで十分に楽しんでもらったのちに、最後に高額商品（バックエンド）をご案内して受注につなげる仕組みなどが必要になります。

以上がウェブ集客からセールスまでの概略です。

USPをあなただけのキャッチコピーで表現する

ウェブは「広告宣伝」の媒体です。

精魂込めてつくったUSPを、いちばん目立つブログタイトルやキャッチコピーなどに取り入れて、あなたの立ち位置を宣伝しましょう。

たとえば私の場合は、次のように使っています。

「ウェブ苦手」コーチ、コンサル、セラピスト専門……①
「ブログ」×「メルマガ」集客講座！……②

「1万5000人以上」の「ウェブ素人」をサポートしてきた仙道が教える！……③
「一カ月で10人クライアント獲得」を可能にした……④
「〝具体的〟で〝わかりやすい〟」「楽に実行できる」集客講座！……⑤

ここには次のような要素が入っています。

①誰に向けてのメッセージなのか（お客様に「私のことだ」と思わせる）
②講座タイトル
③権威性の裏付け
④具体的なベネフィット
⑤差別化するベネフィット

ここでのポイントはベネフィットを二つ以上入れることと、「ビフォー、アフター」を明確にすることです。ベネフィットは多ければ多いほうがいいですし、「ビフォー、アフター」を明確にすることで、受講するとどうなるかが具体的にイメージできます。

USPからキャッチコピーやブログタイトルをつくるときには、次のようなポイントに注意してください。

- ベネフィットは具体的かつ魅力的で、すぐに他との違いがわかるか？
- そのキャッチコピーに「新しさ」はあるか？
- 「興味」をひかれるような「ユニーク」さがあるか？
- 「すぐに」「楽に」「簡単に」などの、お客様の敷居を下げる単語は入っているか？
- ターゲットの疑問を解消する「圧倒的証拠」（数字など）の実績はあるか？
- ターゲットが感じるような疑問に答えているか？

「ターゲットが感じるような疑問」とは、そのキャッチコピーを読んだときにターゲットの頭のなかで起きるかもしれない「ツッコミ」のことです。

たとえば「売り上げ100万円アップ」などと書いてあれば、「10万円から100万円アップなのか、それとも1000万円から1000万円アップなのか」で難易度が大きく変わります。

疑問が湧くと、購買の「感情」を阻止しますから、わかりやすい言葉や数字を使ってできるだけ具体的に、リアルなイメージがつくようにつくりましょう。

図表7に、キャッチコピーに使いやすい文言のテンプレートを掲載しておきます。

図表7　キャッチコピーにしやすい文言の例

パターン	具体例
なぜ、〇〇なのか?	「なぜ、食べていないのに太ってしまうのか?」 「なぜ、お金が貯まらないのか?」
〇〇で〇〇になれる具体的な方法に興味ありませんか?	「運動しなくてもやせられる具体的な方法に興味ありませんか?」 「ブログを書くだけでモノが売れる具体的な方法に興味ありませんか?」
警告!　あなたは〇〇でこんなミスしていませんか?	「警告!　メルマガを書き始めてから、ブログの更新を怠っていませんか?」 「警告!　あなたは髪の毛を洗い過ぎていませんか?」
〇〇を〇〇に変える〇〇な方法	「ただのブログを集客装置に変える画期的な方法」 「毎日の通勤を筋トレに変える3つの方法」
金持ち〇〇 貧乏〇〇	「金持ち起業家、貧乏起業家」 「金持ちアーティスト、貧乏アーティスト」
90日で〇〇な人が〇〇に変わる方法	「90日でサラリーマンが起業家に変わる方法」 「90日で非モテがイケメンに変わる方法」

売れるプロフィールに必要な4つの要素

ブログタイトルやキャッチコピーと同じくらい目につくのが、プロフィールです。どのような講座なのかを見た後にお客様が気になるのは、どのような人が開催しているのかです。そのプロフィールに信頼性があれば購買意欲が上がりますが、あいまいで何か誤魔化している感じだと申し込むのをやめてしまうかもしれません。

どのようなターゲットに向けて、何の専門家であるかを明確にしてプロフィールをつくりましょう。また、プロフィールに入れる肩書きはターゲットが覚えやすく、キャッチーなものであれば、クチコミが広がりやすくなります。

たとえば次のようにオリジナルの造語を使ってみましょう。

●やわらかセールストレーナー

「やわらか」と「セールス」の意外性のある組み合わせが記憶に残ります。

●癒し系起業プロデューサー

「癒し」と「起業」の意外性のある組み合わせがお客様の好奇心を呼びます。

図表8　プロフィールに入れるべき4つの要素

① 実績	数字で表された実績は、信頼性を高めるのに最も効果的です。 例:「ウェブ初心者1万5000人」以上をサポート、200人規模の起業塾顧問を経験など
② 経歴	数字で示せる実績が少ないときは、権威性や学歴・職歴などの経歴で補強します。 例:社団法人○○認定コーチ、○○協会認定カウンセラーなど
③ ミッション・ビジョン	プロフィールはあなた自身を売り込むものです。ミッションやビジョンは、あなたがただのビジネスマンではなく、社会貢献の精神があることを示します。
④ 共感・感動・ストーリー	お客様の購買意欲に最も影響するのは、感情に訴えかけるストーリーです。共感や感動を呼ぶストーリーでお客様にファンになってもらいましょう。

・ゆるふわ幸せ夫婦
やわらかな雰囲気で幸せ感が倍増していて、お客様の憧れと共感を呼びます。
・楽やせダイエット脳コーチ
「楽」に「やせる」ことを伝えて、さらに「脳」という理論的な組み合わせでベネフィットの提示になっています。

肩書きはキャッチコピーのようなものですが、細かいプロフィールは信頼性を担保するものです。プロフィールには図表8の4つの要素を入れましょう。
最後に、できあがったプロフィールを推敲《すいこう》します。ターゲットから見て「興味・関心」のある部分だけを残して、関係のない部分を削っていくことで、ターゲットの心に刺さる尖ったプロフィールになります。

メルマガとブログ、「ファン」ができるのはどちらか

USPから、キャッチーなブログタイトルとプロフィールができたら、次はリストを獲

得していきます。リストはLINEでもよいのですが、ここではメルマガリストで説明します。

このリストについてですが、ときどき「なぜわざわざリストをつくるのですか?」という質問が出ます。キャッチーなブログができて、そこに多くのPV(ページビュー)が集まっているのであれば、ブログで直接、商品を売ればいいのではないかと考えるようです。

実は私も昔はアメブロから直接、体験会やセミナーの参加を募集していましたが、メルマガを始めたときに、どちらで募集すると集客率が高いだろうかと調査してみました。

その結果、メルマガのほうが5~6倍も集客力があることがわかりました。ブログを見ている人というのは情報源としてとらえている人が多く、いわゆる「ファン」にはなっていないので、どんなに体験会の募集を告知してもほとんど来てもらえません。

それに対して、メルマガを登録して定期的に記事を読んでくれる人というのは、多かれ少なかれ私のことを気に入って「ファン」意識があるので、安い体験会があれば行ってみたいと感じてくれるようなのです。

もちろん、体験会で高額商品のご案内をしたときの成約率も、メルマガ読者のほうが圧

図表9　購買行動につながりやすいウェブメディア

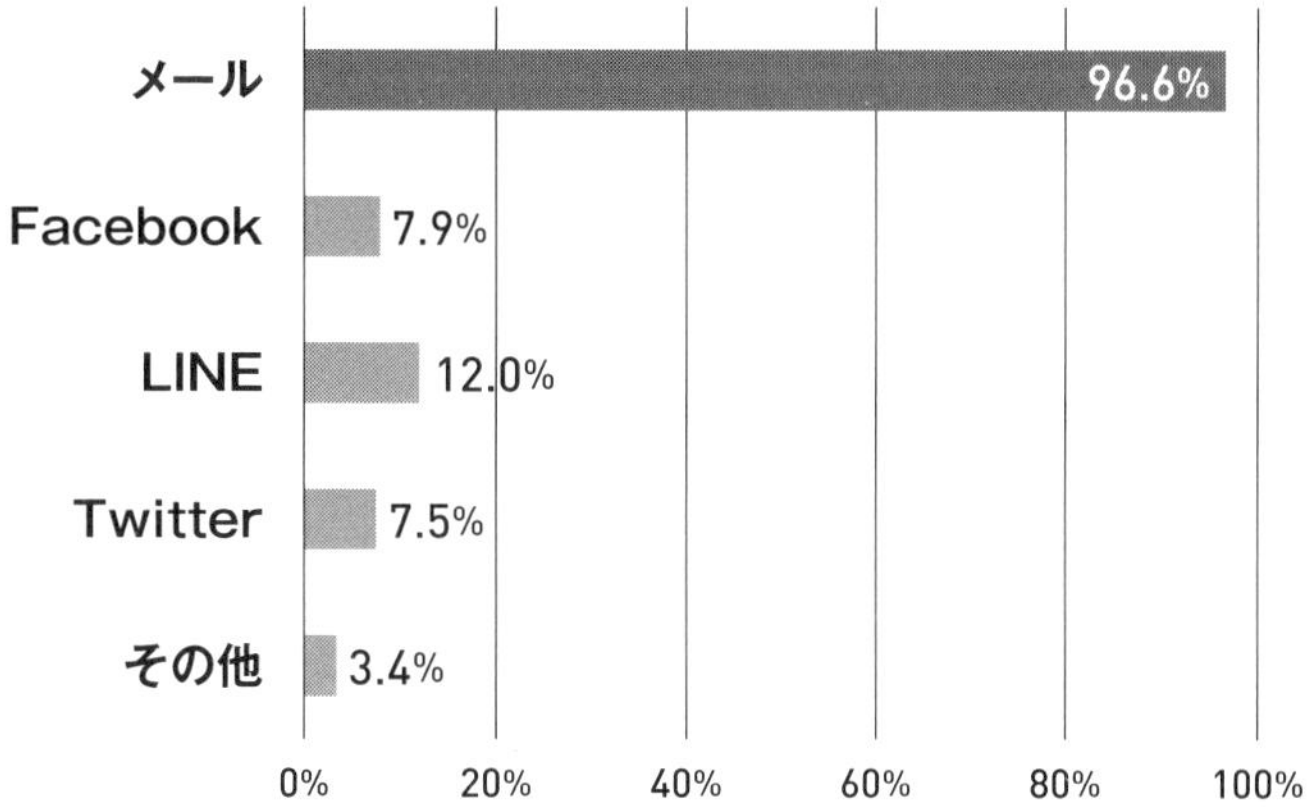

出典：MarkeZine

倒的に高く、ブログの頃は1～10万円の商品しか売れなかったのですが、メルマガを始めてからは30～100万円以上の商品をつくっても売れるようになりました。

ブログ読者とメルマガ読者とでそこまで差があるのかと驚く人もいるかもしれませんが、メールアドレスを相手に教えてわざわざメルマガを登録するという行為には、相手を信頼して自己開示する、つまりコミットメントの要素があって、一定の信頼関係がすでに築かれているのです。

また、定期的に送られてくるメルマガを読むという行為は、接触頻度を増やすことにつながりますから、自然とファン意識が育まれます。

わかりやすく言えば、メルマガはピザのチラシです。インターネットでピザを注文できる時代に、いまだにピザのチラシは定期的にポストに入れられています。あれだけの広告費をかけても元が取れるくらい、チラシからの購入者が多いのです。

ブログをつくるというのは、ただお店を構えてお客様を待っているのに似ていますが、メルマガというのは定期的にチラシを配布することです。それによってお客様の記憶に残りやすくなり、親しみが生まれてファンになってもらえるのです。

メルマガリストは、言い換えれば顧客台帳です。江戸時代の呉服屋などは、火事になったときには商品よりもまず先に顧客台帳を守ったそうです。商品は焼けても再び仕入れることができますが、顧客台帳がなくなるとせっかく店を再建してもご贔屓《ひいき》さんと連絡が取れなくなってしまい、売り上げがガタ落ちしてしまうからです。

売れている教える系副業、コーチ、コンサル、セラピストはたいていメルマガで商品の告知をしています。メルマガ読者、もしくはＬＩＮＥ登録者が最も購買率が高いというのは統計データとしても示されています。

フェイスブック、インスタグラムなどのＳＮＳやユーチューブに力を入れるのもよいのですが、それらはすべてメルマガやＬＩＮＥの登録者を獲得するためのものだと心得てください。

私は一人分のメルマガリストは、フェイスブックのフォロワーの20人分の価値があると考えています。

ブログへのアクセスをメルマガリストに変換する

メルマガリスト、もしくはLINEリストを獲得するためには、ウェブで集まったアクセスを、お客様からの自主的な登録というかたちでリストに変えなければなりません。

まず、第一段階としてウェブへのアクセスを増やすことができます。

アクセス数をアップするためには以下のような媒体を使います。

①簡易ブログ（アメブロなど。手軽に始められる）
②ワードプレスのブログ（SEOからの集客やSNSとの連携がしやすい）
③SNS（フェイスブック、ツイッター、インスタグラムなど）
④ユーチューブ（情報量が多いが手間がかかる）
⑤PPC広告（ヤフー、グーグル、フェイスブックなど）＊有料

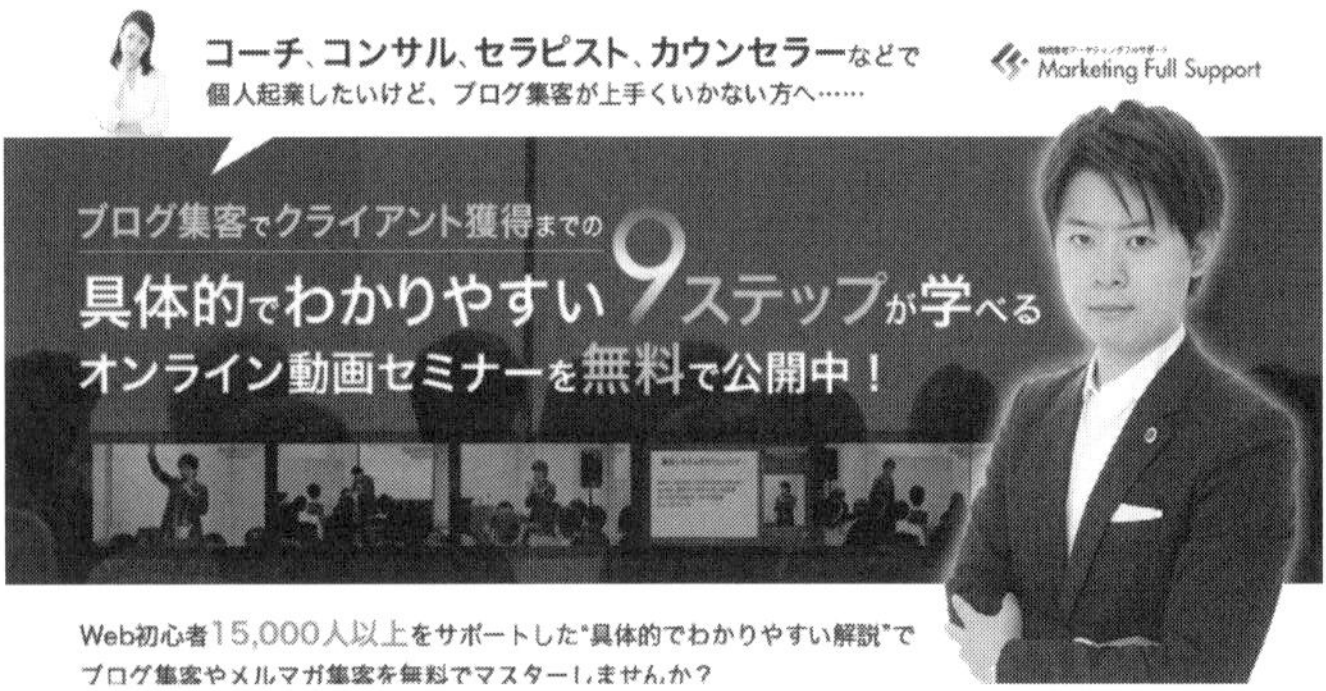

⑥ＪＶ〈ジョイントベンチャー〉アフィリエイトや紹介など）＊有料

⑦メルマガ広告（他のメルマガに掲載できる広告）＊有料

これらに集まったアクセスをどうするかというと、メルマガリストを取るためのランディングページへと飛ばします。

ランディングとは「着陸」を意味するもので、いろいろなところに集まったアクセスを最終的に着地させるための特別のページです。

おそらくどこかで見たことがあるかと思いますが、通常のウェブサイトとは異なり、メルマガの登録だけをすすめるために、デザインなどにも工夫を凝らして見栄えよく立派につくったページのことです。

ただ「メルマガを登録してください」だけだと、よほどのファンでない限り登録してくれないので、ランディングページにはたいていたくさんのおまけがついています。

私がつくったランディングページの例では、たとえば「ブログ集客でクライアント獲得までの具体的でわかりやすい9ステップが学べるオンライン動画セミナーを無料で公開中」などの文言で訪問者の興味をひいています。

このオンライン動画セミナーは無料で見ることができるのですが、そのためにはメールアドレスを登録してメルマガ会員になる必要があるとの説明がこの後に続きます。訪問者は面倒だなと思いつつも、無料の動画セミナー見たさに、ついメルマガを登録してしまうという仕組みです。

メルマガ登録してもらった後に、ＬＩＮＥにも登録すればプラスの特典があるとご案内することで、ＬＩＮＥリストも取ることができます。

ウェブ集客の取り組みは、図表10にある順番で行うのがよいと思います。

図表10　ウェブ集客の取り組みの手順

①
ブログ（主にアメブロ）
無料で初心者でも簡単に始められます。
②
SNS（フェイスブック、ツイッター、
インスタグラムなど）
無料でスピード感をもって取り組めます。
③
メルマガリスト、LINEリストを獲得して
商品を開発
メルマガリストを獲得できるようになったら
商品を売ることができます。
④
ワードプレスなど手間のかかる取り組み、
PPC広告、JVなど有料の取り組み
商品が売れるようになったら有料広告などを
利用して、さらに集客します。

アクセスアップのための3つのポイント

ウェブ集客の概要を簡単に説明しましたが、実際にやってみると時間もかかるし、最初はなかなか成果も上がらないように見えて、苦しく感じることもあるかもしれません。

そこで少しでも取り組みが楽になるように、アクセスアップからウェブ集客のための3つのポイントについてお話しします。

一つ目は「見込み客がその媒体を見ている」ことです。

たとえば、私はアメブロでブログを書き始めることを推奨していますが、アメブロは芸能人ブログなどが多く、女性や生活の話題には強いのですが、企業向けなど堅い話題には向かない印象があります。

そこで、たとえばアメブロを使う場合には、アメブロ内に自分と同じジャンルの書き手が十分にいるか、同業者がいるかどうかをチェックしてください。もし同じジャンルの書き手がいれば、そこには見込み客が十分にいるということになります。

同じジャンルの書き手が見つからない場合は、アメブロには同業者がいないことが考えられますから、別の媒体を探す必要があります。

二つ目は「自分が継続できて、気持ちが乗って楽にできる」ことです。ブログを毎週更新したり、SNSに毎日書き込みをしたりというのは、「やれ」と言うのは簡単ですが、なかなか大変なことだと思います。「楽しい」と感じられれば続けられますが、「つらい」と思うようでは長続きしませんし、質も上がらないので別の媒体を考えるほうがいいでしょう。

私も最初はアメブロとフェイスブックで始めたのですが、フェイスブックのほうは自撮りをしたり、「いいね」を押したりといった行為があまり楽しく感じられず、いつのまにかやらなくなってしまいました。

逆に、今まで勉強してきた理論やノウハウをアメブロに書いていくのはたいへん楽しく、苦労もほとんどなく毎日のようにできたので向いていたのだと思います。

生産効率をどのように上げるかという話でいえば、人間は誰でも自分がやりたいことをやっているときがいちばん生産効率が高まることがわかっているので、やりたくないことを無理にやるよりは、自分に合った媒体を探しましょう。

これは「副業」そのものにも言えることで、もしその「副業」があなたの本当にやりたたいことでなかった場合、多少は成功したとしても一生続けられるものにはなりづらいものです。そこに自分の「情熱」があるかどうかをよく確かめてください。

三つ目は、「時間と費用対効果を考えながら、お金を使う」ことです。

私が有料広告などの使用をすすめると、ためらう人が多いのですが、有料広告は時間をお金で買うことと同じです。もし無料の手段のみでアクセスアップ＝集客をしようと思えば、あなた自身の時間をそこにかなり費やすことになります。

時間もお金も、どちらもあなたの大切なリソースです。

苦手なことを苦手だな、嫌だなと思いながらやっても効率が上がらずに時間ばかりかかってしまうので、そういうときはお金を払って得意な人に代行してもらうのも一つの手です。

特にランディングページなどはデザイナーに頼んだほうが見栄えが良くなり、メルマガリストの獲得にも効果的なので、思いきって投資するのもよいと思います。ランサーズなどの仕事依頼サイトで探せば、低予算でつくってくれる方もいるようです。

ただし、有料広告などで集客するのは、メルマガリストをある程度獲得できて、商品への導線もつくられていて、集客すれば売り上げが上がる仕組みができてからのことです。

収入が得られる見込みもないのにお金だけを使ってしまっては本末転倒です。

売り上げで回収できる見込みが立っていれば、積極的に投資することで集客の伸びが加速します。だいたい、売り上げの1割くらいを広告費に回すイメージで進めてください。

ランディングページの成約率とアクセス数を上げる方法

ウェブ集客の要《かなめ》はメルマガリストの獲得にあるという話をすでにしました。

顧客台帳、つまり商品を買ってくれる見込み客を揃えたメルマガリストさえあれば、あとは魅力的な商品をつくって定期的に情報発信するだけだからです。

しかし、このメルマガリストの獲得までが初心者には険しい壁となります。

そこで、一つ前の段階のランディングページのつくり込みについて説明しましょう。

本質的なことを言えば、ランディングページの方向性は以下の二つしかありません。

- ランディングページの成約率を上げる
- ランディングページのアクセス数、質を上げる

この二つを追求するのが、「LPO（ランディング・ページ・オプティマイゼーション）」

と呼ばれるマーケティングのジャンルです。SEO（サーチ・エンジン・オプティマイゼーション）と同じで、いかに効率よくアクセス数を上げるかについて、多くの人が研究しているのです。

たとえば、広告からのアクセスであった場合、アクセス数に対してメルマガに登録してくれる割合（成約率）は10％程度だと言われています。つまり、1日に100人のアクセスがあれば10人の登録が見込めるわけです。

この成約率をどのように上げるかが、ランディングページ改善の肝になります。

初心者は、どうしてもアクセス数にばかり目が向いてしまうのですが、アクセス数を上げるには大変なコストがかかります。

たとえば100人のアクセスに成約率10％で新規のメルマガ読者が1日10人というとき、これを20人に増やそうと思えばアクセス数を2倍の200人に増やすことが必要です。単純に考えれば、広告費を2倍にしなければならないでしょう。

しかし、成約率を20％に上げることができれば、同じ100人のアクセスで、新規のメルマガ読者を1日20人に増やすことができます。

成約率の改善は、キャッチコピーやデザインを変えるだけですむので、まずはアクセス数ではなく、成約率の改善から取り組みましょう。

ランディングページの成約率の改善で最も大切なのはヘッドコピーです。

ここでのポイントは、メルマガ登録するともらえるプレゼントがどれだけ魅力的であるかということです。できるだけ豪華で、メルマガ登録してでも見たいと訪問者が感じるようなオファーを用意しましょう。

次に大切なポイントは登録ボタンです。

メルマガリストを獲得しようという側からすれば、リストは顧客台帳なのですから「名前」と「メールアドレス」の二つくらいは知っておきたいと思うかもしれません。メルマガのなかで「○○さん」と親しげに呼びかけるためにも、ぜひ名前は教えてほしいところですが、実は「名前」の入力を求めると、登録率はいっきに落ちてしまいます。

ほとんどの人は、メールアドレスですら教えたくないと思っているのですから、名前なんてなおさらです。人によっては偽名を入力する人もいますし、名前が必要なら登録しないという人もいます。

名前まで聞くと、入力の手間も増えますし登録率も下がってしまうので、リストの獲得という目的を第一にするのであれば、「メールアドレス」だけにするのがよいと思います。どうしても「名前」を聞いておきたいという方は「ニックネームでもOKです」という説明書きを加えるとよいでしょう。

さらに「登録」という言葉で、何か制約があるのではないかとか、あとから有料の請求が来るのではないかとか怖がる方もいるので、登録ボタンには「無料で登録する」という文言をいれておくとよいでしょう。

では次にランディングページのアクセス数を上げる方法について説明します。

アクセス数を上げるためには、ランディングページへ誘導する元の媒体を改善することが必要です。

まずブログについては、短い記事でもいいので少なくとも20記事以上を書いておいてください。あまりにも記事が少ないブログは、いかにも始めたばかりで信頼性に欠けるとか、真剣に取り組んでいないと見なされて、ランディングページへの誘導もうまくいきません。

アメブロの場合は特に短い記事が好まれるので、メルマガなどに書いた記事を転用する場合は短くまとめるか、あるいは「続きはメルマガの○○号で読めます」などとしておくと、メルマガ登録率が上がります。

長い記事を載せても最後まで読んでもらえないので、短くてすっきり読めて好奇心をそそるような内容にするとよいでしょう。

また、ブログはプロフィールを読む人が多いので、ＵＳＰを意識して、訪問者の好奇心を刺激するプロフィールをつくっておきましょう。

あと、ブログカスタマイズは有料デザインで行うと、プロっぽく見えます。無料だけでつくっていると安っぽくなってしまうので、本気で商品を売っていきたいのであればしっかりと手をかけていることもアピールしましょう。

そして最も大切なのが、アメブロのＳＮＳ機能を活用することです。あなたが他のアメブロを見に行って読者登録したり、「いいね」を押したりすると、そのアメブロの人がお返しにあなたのブログを見に来てくれます。お客様になりそうな人にこちらから声をかけにいくイメージです。

ですから、毎日50件の読者登録、３００件の「いいね」を目標にしましょう。これを手で行うと大変なので「アメーバキング」や「アメプレス」というツールを使うとよいでしょう。有料ですが、時間の費用対効果は非常に高いと思います。

SNSについても、やることは基本的には同じです。フェイスブックでもツイッターでもインスタグラムでも、大切なのは毎日投稿することと、訪問者の興味をひくプロフィールをつくること、そしてユニークなカスタマイズをして目立つこと、そして、友達やフォロワーの登録を毎日50～100件行うことです（ただし、フォローバックが少な過ぎるとアカウントが一時停止になるのでご注意）。

SNSで友達やフォロワーを増やすには、自分からどんどん友達申請やフォローを行うことが重要です。あなたの投稿が増えて魅力的になれば放っておいてもフォロワーが増えるかもしれませんが、始めたばかりでは存在にすら気づいてもらえないので、自分から声をかけていくしかありません。

どのような人を優先的にフォローすればよいかというと「同業者をたくさんフォローしている人」を探して、フォローしてください。なぜかと言えば、同業者をフォローしている人というのは、その人たちの情報を知りたいと思っているわけで、見込み客なのです。

また、同じ業界の人をたくさんフォローしているということは、あなたの存在を知れば、あなたのこともフォローしてくれる確率が非常に高いです。つまりフォロー返しをいただきやすいのです。

そのようにしてフォロワーを増やしていくと、見込み客の多い良いリストになるので、ブログやランディングページへの誘導を行ったときも、アクセス率や成約率が非常に高くなります。

あまり難しく考えずに、これらをコツコツと続けていけば、気がついたときにはかなりのアクセス数とメルマガリストを獲得できていることでしょう。がんばってください。

終章

「副業」が「本業」を超えたとき。新しい人生に向けて考えておきたいこと

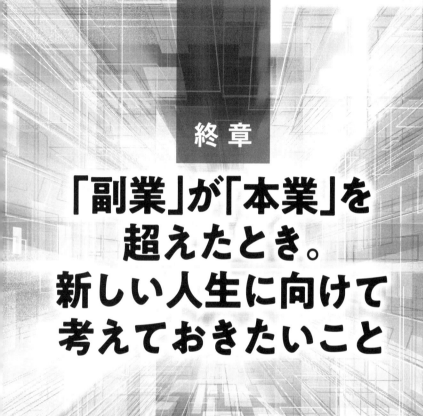

高額商品をお客様に上手にセールスするためのコツ

「副業」もしくは「起業」というものは、最初はとにかくがむしゃらに目の前のことをがんばって事業を軌道に乗せるものです。

なぜなら、実際にやってみないと「稼ぐ」、つまり商品やサービスを提供して「お客様」から報酬をいただくことの重みがわからないからです。

特に、「教える系副業」は「お客様」も個人であることが多く、ダイレクトにマンツーマンでのやりとりになるので、高額商品を販売するときには、本当に成果が出るのか、それだけの価値があるのかと迷いが出ることもあると思います。

実際にやってみればわかることですが、世の中には確かにあなたの商品やサービスを必要としている人がいます。

もしそのような「お客様」がまだ見つからないとしたら、それはあなたの「露出」＝「広告宣伝」が不足しているのだと思います。世界は広いので「お客様」は必ずどこかにいるのですが、その数が少ない場合には出会えるまでに時間がかかるかもしれません。

あるいは「お客様」はいても、価格が折り合わないということもあるかもしれません。あなたの提供した価格と、お客様の予算とが釣り合わない場合、残念ながらあきらめるという選択をする方もいます。

そうならないように、私は次のような仕組みをとっています。

まずウェブ上で、情報を十分に無料公開しておき「お客様」の求めている情報を自分が大量にもっていることをアピールします。

さらに深い情報を知りたい、あるいは求めている「お客様」のために、数千円ほどの低額で体験会やセミナー、お茶会などの顔合わせの機会をつくります。

ブログや動画などのメディアでも情報を伝えることはできますが、教わる側がわからないことをすぐに聞いたり、あるいは教える側が相手の反応を見ながら説明を補足したりができません。「教える」という行為は、実際に対面して会話することで、お互いの理解が驚くほどに進むので、セミナーやお茶会は「お客様」の求めるところでもあります。

もちろん、遠方の「お客様」に対してはZoomなどといったオンライン会議システムを利用してもかまいません。新型コロナウイルスの流行以来、オンライン会議システムの普及により、「教える」仕事がたいへんやりやすくなりました。

先ほども少し触れましたが、このような低額の体験型商品を「フロントエンド」と呼びます。「お客様」に対して最初に提供する正面玄関のようなものだからです。ここで、「お客様」と対面することの意味は二つあります。

一つは、実際に会うことで非言語コミュニケーションが可能になり、お互いの理解が進むことです。「お客様」はどんなにブログやメルマガであなたのことを知っていても、会うまでは半信半疑のところがあります。実際に対面してあなたの魅力を存分にアピールすることで、本当の意味での「ファン」になってもらうことが必要です。

もう一つは、「バックエンド」商品の営業です。フロントエンドの体験会は、「お客様」に来てもらいやすくするためにほとんど利益の出ない低額で行っています。本当に販売したいのは高額のバックエンド商品であり、そのためには対面しての営業、つまりセールストークが欠かせません。

よほどのことがない限り、ウェブだけでいきなり高額商品は売れませんから、このように段階を踏んだセールスが必要になります。しかし、これらのステップを踏むことで、ウェブだけで「お客様」に「価格に見合わない」と判断されて拒絶されるリスクを減らすことができます。

どの「お客様」もそうですが、「価格に見合った価値がある」と思ってもらえなければ購入には至りません。高額商品を売る場合は、その商品にどれだけの価値があるかを、時間をかけ段階を踏んでじっくりと「お客様」に伝える必要があります。

このとき、フロントエンドには営業が含まれているのに、それを「お客様」に伝えずに販売するのは申し訳ないと感じてしまう人がいます。「教える」仕事を志す方の多くは、他人をサポートしたいという純粋な気持ちを強くもっているので、「お客様」を騙すようなことは絶対にしたくないと考える方が多いからです。

そういうときは、フロントエンド商品に集まってくださった「お客様」に対して、「最後に別の商品のご案内などをさせていただいてもよろしいですか?」と聞くとよいと思います。

約束した時間いっぱいはきちんと「教える」仕事をまっとうして、その後に「これから別の商品のご案内を行います。興味のない方は先にお帰りになって結構です」と告げれば、「お客様」を騙すようなことにはならないはずです。また、それまでの時間の内容に満足していれば、そこでお帰りになられる「お客様」もほとんどいないと思います。あなたが全力を尽くしてサービスをしていれば、「お客様」はもっとあなたの話を聞きたいという気分になっているはずだからです。

お客様の懐事情を勝手に忖度して値付けをしない

さて、バックエンド商品のセールスをするときに、「副業」初心者は「高すぎるんじゃないかな?」と考えてしまいがちです。

会社に勤めている人の金銭感覚からすると何十万円もする商品を購入する機会はそれほどないからです。しかし、実際には世の中にはそれよりももっと高いものはいくらでもあります。

たとえば同じ「教える」仕事として、大学や英会話スクールの授業料を考えてみれば、あなたの商品が決して高すぎないことがわかるはずです。

また、自動車や高級腕時計は一般的に何百万円もしますが、それを高すぎると批判する人はいません。ものには相場というものがあって、鉛筆が100万円なら高いかもしれませんが、ロレックスが100万円ならむしろ安いかもしれません。

それでも、「お客様には負担になるかもしれない」といって、値段を下げようと考えている方がいます。それは、私には「あなたの自信のなさ」のように見えます。まず「お客様の支払い能力」を、何も言われないうちから勝手に決めつけて忖度《そんたく》するのはやめましょう。実際に長くビジネスを続けているとわかってくることですが、「お客様」は意外と必要なものには惜しまずお金を払うものです。あなたの何倍もの所得があるかもしれない方に対して「払えないかもしれないから安くします」というのは逆に失礼です。

もちろん「生活保護を受けているので支払えません」とか、「借金して支払いたいと思います」のように、本当にお金がない状態で相談に来てくれた「お客様」に対してはその限りではありません。

その場合の対応はみなさんそれぞれにお任せしますが、私の場合は「今は私の講座を受けるよりも先にやることがあると思いますよ」と言ってできる限りのアドバイスをした後に、丁重にお帰りいただくことにしています。生活がギリギリの方は、まず生活を立て直すことが先決だと思うからです。

そうでない方が「安くしていただけませんか?」と相談に来た場合、私は応じますが、ただ安くするのでは、正規料金で受講している方に申し訳ないので、値引きしたぶん、内容も少なくするようにしています。たとえば、6カ月講座を2割引きで提供するのであれば、5カ月間の受講にさせていただくとか、対面サポートの回数を減らすとか、無料の延長保証をつけないとか、やり方はいろいろです。他の受講生の方に「安くなった」という噂が広がっても困るので、公平さは担保しましょう。

最も大切なのは、あなた自身が、その商品にはそれだけの価値があると自信をもって誰にでも主張できるくらいに手間をかけて企画をつくり込み、成果の上がるものに仕上げることです。

もしあなたが心の底から商品の価値を信じられるのであれば、誰かに「高すぎる」と批判されても何とも思わないはずですし、「安くしてもらえませんか?」と相談されたときにも、内容をそのままに価格を下げるようなことはしなくなるはずです。

そこまでは思えないというのであれば、まだあなたの自信が足りないのでしょう。その場合は、最初は価格を抑えて販売して、効果が上がってリピーターが増えるようになってから、徐々に価格を上げていくのがおすすめです。

成果にフォーカスするなら高額のほうがよい

最後にもう一つ重要なポイントをお話しします。

たとえば、ダイエットのコーチングという商品があるとします。同じコーチが提供する6カ月間で30万円のコースと、6カ月間で3万円のコースがあった場合に、お客様が目標とする体重にまでやせられる可能性が高いのはどちらでしょうか？

確率でいえば、間違いなく30万円のほうです。なぜならば、第一に「30万円を支払ってもいいくらいお客様が本気」になっていますし、第二に「30万円を支払ったのだから絶対にやせなきゃ」とお客様のモチベーションが高まるからです。

もしかするとあなたは「お客様のために安くしたほうがいいかもしれない」と考えるかもしれませんが、本当にお客様のためになるのは「多少高くても、望み通りの成果が出る」ことです。「教える系」の仕事というものは、お客様の成果にフォーカスするものですから、そのためにも懐《ふところ》が痛むくらいに高額であるほうがいいのです。

実際、ダイエットをサポートするライザップは高額で知られていますし、いわゆる企業の経営コンサルティングなども高額なフィーを受けていることで有名です。あれは「これだけ高額を支払ったのだから本気で取り組んで成果を上げねばならない」というお客様の心理をも利用したサービスなのです。

苦手な作業は外注して、好きなことに徹する

「副業」がある程度成功すると、新たなステージに突入して、これまでは考えたこともなかったような悩みに直面するようになるはずです。

まだ「副業」を始める前、あるいは始めたばかりの方にそこまでお話しするのは気が早いかもしれませんが、ある程度は知っておいたほうがよいでしょう。

まず、これまでとは桁の違うお金が入ってくることで、お金に対する考え方を変えなければならなくなります。「副業」を始めたばかりの頃は、節約のために何でも自分でやるのが当たり前だったかもしれませんが、それでは「お客様」に十分なサービスをしたり、商品開発をしたりする時間がなくなってしまうので、仕事を外注したり、人を雇ったりすることを検討する必要が出てきます。

いちばんわかりやすい部分でいえば、顧問税理士をもつということです。

収入が増えるということは、国に納める税金も高くなることを意味します。これまでとは桁違いの金額の税金を目にして慌てる人も多いと思いますので、あらかじめ税理士に相談しておくべきです。

もちろん、税理士に依頼しなくても、税金の計算や確定申告は一人でもできます。しかし「餅は餅屋」とはよく言ったもので、税理士に頼んだほうがストレスなく、漏れや間違いもありません。さらにはコスト削減の方法まで教えてもらえることがあります。不慣れな人が膨大な時間をかけた挙げ句、間違った申告をするくらいなら、その貴重な時間を副業に充てたほうが、明らかにメリットがあります。

たまに突然、税金が高くなって申告をしなくなってしまう方がいますが、いつか露見して、さらに高い追徴課税を請求されることになりますのでやめておきましょう。きちんと専門家に相談して納めるべきものは納めるほうが得策です。このとき、税理士に支払うお金は、あなたの時間を買うためのコストですから出し惜しみするべきではありません。

ある程度のお金が貯まると、最近話題のＦＩＲＥ（経済的自立・早期リタイア）をしたいと考える人が出てきます。資産運用で生活費をまかなうことができるくらいの資産があれば、働かなくても暮らしていけるからです。

私もあるとき、働きづめで疲れたので、しばらく休んでいたことがあったのですが、あの生活をずっと続けていれば「早期リタイア」ということになったのでしょう。

しかし、早期リタイアの生活は想像よりも退屈になるだろうと感じました。特にやることもなく、働いていたときのほうが断然楽しかったのです。

このときにみなさんに考えていただきたいのが「仕事とは何か」です。

今、会社に勤めている方は「仕事は生活費を稼ぐための手段」で、「別に好きでやっていることではない」のだから、「経済的自立」ができたのであれば「早期リタイア」するのは当たり前だと思うかもしれません。

しかし「副業」を始めた方は、「自分の本当にやりたいこと」でなければ続けるのは難しいと気づかれたはずですし、「自分の本当にやりたいこと」をやっているのであれば、「経済的自立」ができているかどうかには関係なく、「仕事」を続けたいと感じるはずです。

なにしろ「本当にやりたいこと」をしているのなら「仕事」をしているときがいちばん楽しいはずです。

もちろんその「仕事」のなかには、自分が得意でやっていて楽しいことと、苦手なのであまりやりたくないことが混ざっているはずです。そこがお金の使いどころです。自分が苦手で時間がかかってしまうことは、どんどん外注してしまいましょう。あなたの時間は「本当にやりたいこと」のためだけに使っていいのです。

スランプに陥ったときに備えておきたいこと

十分な収入を得られるようになると、自分はなぜこの「仕事」をしているのかと考えざるを得なくなるような局面が訪れます。

仕事をしなくても生活ができるようになるのですから、もし嫌なのであればいつでも自由に仕事を辞めることができるからです。

そこで仕事を辞めて「早期リタイア」をするというのも確かに一つの人生です。他にやりたいことがあるというのであれば、ぜひそちらの道を進んでいただきたいと思います。

人生とは、やりたいことをやるためにあるのです。他にやりたいことが見つかったというのはとても喜ばしいことで、そう言って「副業」を途中で辞めた方も少なからずいます。それはそれで良いことだと私は思うので、みなさんを祝福して送り出しています。

ただし、そうではないという方、やりたいことをやっているという方には、ある程度の成功が見えたらぜひここで一度、自分はなぜこの事業を続けるのかということを考えていただきたいと思います。

やりたいことをやっているから仕事は楽しいといっても、人間にはバイオリズムがあって、「今日はなんだかやる気が起きない」とか「昨日までは楽しかったけれど、突然なにもかもが色あせたように感じられる」という日があります。

そんなスランプが来たときのために、自分の仕事は社会に対してどのような意味をもっているのかをあらかじめ考えておいてほしいのです。

私の場合は、もうお金のために働かなくてもいいという境地に至ったことがあり、実際に1週間のうち4日くらいを休日にしていたこともありました。そこで早期リタイアしてもよかったのですが、そのときに、もし自分が仕事を辞めたら、困るであろう人たちの顔がたくさん浮かんできました。

ウェブ集客をサポートするという私の仕事は、同業者がたくさんいますが、それぞれに得意なところと苦手なところがあって、流派がいろいろあるような状況になっています。

「お客様」のなかにはありがたいことに「仙道さんじゃなくちゃだめなんです」と言ってくださる方もいて、替えが利かないようになっています。

私が仕事を辞めてしまえば、それまで築いてきた仙道塾やその文化もなくなってしまうかもしれないので、それはちょっと無責任のような気がしています。少なくとも、私の思うサポート文化を継承して続けてくれる方を見つけるまでは辞められないと思いました。

これは、社会に対する責任でもあります。

もっとも、楽に生きようと思えば、事業をあまり大きくせずに一人で気が向いたときだけ働けばよいのですが、それではサポート文化が世の中に広まりませんし、私の力を必要としている人のすべてにサポートが届きません。

そこで私はあえてリスクをとって、会社を設立して人を雇い、マンツーマンのサポートだけでなく教室をつくって多人数の生徒を請け負い、お金を払って実力のある講師に頼んで、大勢の人をサポートする方向に舵《かじ》を切りました。

人を雇うというのは、何があろうとも毎月決まった日に決まった金額をその人に支払うということなので、怖さもあります。人を雇うようになって初めて、自分が会社で働いていたとき、毎月きちんと給料がもらえることの重みがわかりました。

人を雇うと、事業の継続性と将来性に責任を負わねばならなくなるのです。ですから、いつでも簡単に辞めることはできなくなりますし、事業が不調に陥ったら資金繰りなどに頭を悩ませねばなりません。

それでもやりたいと思ったのは、自分の仕事の意味を考えたからです。

私は、私のようにサポートできる人をもっと増やしたいですし、それによって多くの人に幸せになってほしいと考えています。日本にサポート文化を広めて、お互いに助け合うような社会が実現すればよいと思っています。

このような夢をビジョンやミッションといいます。

あなたが「副業」で成功したら、ぜひビジョンやミッションを語れるようになってください。そして「副業」に成功したあなたの力で、ぜひこの社会をより良いものに変えていってください。

それは、この本でみなさんをサポートした私の夢でもあります。

本業と副業の両立がつらくなったときの対処法

副業でいちばんつらいのは時間がないことです。私も最初はコールセンターに勤めながらの副業でしたが、早番であれば朝9時から夕方6時まで、遅番であれば昼12時から夜9時まで働いて、帰宅後に副業するのはなかなかつらかったです。

早番のときは帰宅してからコーチングをしたり、メルマガやブログ書いたりできましたが、遅番のときは夜に時間がとれません。遅番の日は朝早く起きれば時間がとれますが、朝に弱いタイプでなかなか起きられず、結局9時、10時に起きてしまうため、時間をとることができませんでした。

今考えれば、朝の時間は思い切って捨てて夜にまとめてやったり、土日休みを取って効率的に行ったりすればよかったのですが、当時はこれでは駄目だと思い、夜勤に変えました。

ところが、夜勤というのは夜の8時から朝の9時まで続くため、体力の面でつらくなってしまいました。帰宅して朝の10時ぐらいからメルマガを書いたりコーチングをしたりと活動し、昼の2時ぐらいに寝て、夜の7時ぐらいに起きて、またコールセンターに行くわけです。本当につらかったです。

しかも、最初はブログを書いても書いても反応がなく、半年間くらいはまったく先が見えないなかで続けていました。もしお金儲けだけを目的としていたら、続けられなかったでしょう。好きなことだから何とか続けることができたのだと思います。

なにしろコーチングの勉強のために借金までしてセミナーを受講したり教材を買ったりしていたので、ローンが３００万円近くになったときもありました。そこまでしても続けたかったのは、やはりこの仕事が好きだったからでしょう。

そういう苦労を続けていくうちに、だんだんとブログのアクセスも増えてきて、書けば書くほどアクセスが増えて、募集すれば募集するほどお客様が体験セッションに来てくれるようになりました。数字が上がったり反応が出たりするのを糧に、夜勤しながらの副業を続けることができました。

体力的にはつらかったのですが、今思えば、副業に集中できる環境に変えたことが大きな転機だったと思います。

「副業がうまくいかないんです」という相談を受けますが、そういうときに私が言うのが、「環境を変える努力をしていますか」ということです。

そして、なぜ私が思い切って環境を夜勤に変えられたのかといえば、それはゴールやミッションやビジョンがはっきりしていたからです。

このまま会社員になって一定の給料がもらえたとしても、それはもういらないと決めたからです。つまり、自分の人生の目的はお金じゃないとわかった。「お金があっても幸せじゃない、大事なのは自由だ」と、明確に感じていたのです。

私の言う自由というのは、人間関係の自由と、働く場所の自由と、働く時間の自由。この三つが揃わないと、何をしても楽しくないし、生きている意味がないというくらい大切に感じる価値です。当時は明確に言語化できていませんでしたが、心のなかでははっきりしていました。

だから、今のまま仕事を続けていたら出世するかもしれないけれど、そういうのはなくていい、環境を変えてもいいと思えたのです。そこまで価値観が明確になっていれば、夜勤に変えればつらくなることがわかっていても環境を変えることができます。

もちろんつらいのが好きなわけではないので、あの時代がずっと続いていたら耐えられなかったかもしれませんが、起業して成功すると決めていたので、このつらさは一時的なものだと割り切ってがんばることができました。

つまり、自分の価値観を明確にして、何を捨てて何を得るかを決めることが大切なのです。実際、家族が反対するとか、会社が許してくれないだろうとか、友達が反対するとかは絶対あるので、自分の価値観がはっきりしていないとなかなか環境は変えられません。

実は私も副業を始めるときはかなり反対されました。まだバンド活動をしていたときに、「就職とか起業とかしたいんだよね」とメンバーに言ったところ、「お前、就職や起業しても絶対いいことないぞ」と言われました。今となってみればいいことだらけの結果となったのですが、周囲の人にはそれが見えていなかったのです。

ですから、環境を変えようとすると反対にあうと言ってもいいでしょう。それを乗り越えられるかどうかは、やはり自分のゴールやミッションやビジョンがどれだけ明確になっているかだと思います。

そして最後に言いたいのは、自分の価値観に沿った苦労はしておいたほうがいいということです。筋トレもつらいですが、身体に負荷をかけないと筋肉はつかないことははっきりしています。同じように、つらいと感じるくらいの苦労をしないと人間は成長しないからです。

プロのミュージシャンやアスリートは長時間練習していますが、それを楽しんでいるかと言えば、別に楽しんではいません。ただ必要だからやっている。だから私も当時の苦労を振り返って、楽しかったですかと聞かれたら、全面的には肯定できませんが、充実していたとは言えます。自ら望んで加えた負荷でしたし、やってよかったと感じています。

成功する人と成功しない人の決定的な違い

私はこれまで多くの人のサポートをしてきましたが、すぐにうまくいく人と苦労する人に分かれます。最初はなかなか違いがわかりませんでしたが、最近、その差が見えてきました。

一言でいうと、成功する人は「行動が早い」ということです。講義を受けたその日のうちに、宿題に取り組みますし、ブログやSNSはとりあえずアカウントを開設して、すぐに最初のテスト投稿をしています。

一方で、成功が遅い人は機が熟するまで頭のなかでゆっくり考えようとします。ブログを書くときには、どんな内容を伝えようかときちんと考えますし、全体像が見えるまでは作業にとりかかろうとしません。

この二つは、本来は性格の違いであって、どちらが良い、悪いというものではありません。行動が早い人は「拙速」とも言われるようにアウトプットの質が低くなりがちで、行動が遅い人は、良いアイデアが生まれれば質の高いアウトプットができます。

しかし、なぜか行動の早い人のほうが成功する傾向があります。その理由は、行動の遅い人は往々にしていつまで経っても何もしなかったり、結局良いアイデアが浮かばずに時間だけを浪費してしまったりするからです。

なので、私は、仕事は1日単位で何らかの成果を上げるように推奨しています。というのも、たとえば「1週間でウェブサイトをつくろう」と考えると、たいていの人は残り3日になるまでは何もせずに過ごしてしまうからです。多くの子どもが残り1週間とか残り3日になるまで夏休みの宿題に、何も手を付けないのと同じです。

ですから、作業は細かく区切って、毎日「今日はこれをやる」と決めなければ、時間が無駄になってしまうのです。たとえば「1週間でウェブサイトをつくろう」であれば、「1日目はアカウントを開設する」「2日目は記事を3本書く」「3日目はトップページをデザインする」などと1日単位で決めておけば、ただ「考える」だけで時間を浪費することがなくなります。

私の場合はもっと細かく、仕事は15分単位で行っています。15分あればブログ記事の下書きが1本できますし、取引先に電話を1本かけることもできます。

今では15分間の空き時間があると、何らかの作業を完成しなければ気がすまない体質になってしまいました。私のアポイントメントをとっても、時間通りにぴったり始まってぴったり終わるのでせっかちに見えるかもしれませんが、そういう理由があるのでご容赦ください。

行動できない人が抱えがちな共通の問題

本を読んだり、講座を受講したりしても、その日のうちにすぐに行動できない人を見ていると、共通して同じ問題を抱えていることに気づきます。

それは意識、無意識にかかわらず「成功できるとは思えない」と感じているということです。「成功できる」と思えなければ、それは今すぐに行動しようという気にはならないでしょう。

これについては、私は単に認識の問題だと考えています。おそらく、その人の考えている「副業」や「起業」で実際に成功した人を見たことがないのでしょう。あるいは、そういう人がいると知識としては知っていても、実際に会ったことがないので実感が湧かないのでしょう。

なので、そのような人は、セミナーやお茶会や体験会などに参加して、実際に成功している人と話をすることも大切です。実際に個人で年収1000万円や2000万円を超えている人に会って話を聞くと、「私でもできる」という感覚がつかめてきます。

人によっては、実際に会っても「成功できる人は特別だから」と、自信がないために引っ込み思案になってしまう人もいます。

私自身はあまりそのようには思いません。たしかに成功している人にはオーラがあるのですが、そういう人だって最初からオーラがあったわけではなく、むしろ成功したから、自信がついてオーラが出てきたのです。

人間の能力は、人によってそれほど変わりません。もちろん、プロのアスリートは、常人とは異なる身体能力を発揮しますが、それは長時間のトレーニングによって身につけたものです。

まして、スポーツではないビジネスの領域では、同業者に追いつくためにそれほど長時間の訓練を必要としません。なぜかと言えば、すべてのプレイヤーが同じルールの下で評価されるスポーツと違って、ビジネスは市場で棲み分けることができるからです。自分に合ったお客様を見つけることができれば「副業」で稼ぐのはそれほど難しいことではありません。

そして「副業」で成功するために必要なのは、やはりすぐに「行動」することだと思います。今日、この本を読み終わったら、簡単なことでよいので、何か一つ「副業」に向けての取り組みをしてみませんか？

行動のために必要なたった一つの条件

この本で私はたくさんの課題を出してきましたが、いちばん言いたいことは「自分がやりたいことをやりましょう」ということです。

そうすると「やりたいことが見つからないから始められないんです」と言う人が出てくるのですが、「やりたいこと」など、わざわざ見つけなくてもいいのです。本当に「やりたいこと」は、見つけなくてもやってしまうものだからです。

たとえば、今あなたは何をしていますか？　この本を読んでいますよね。それは誰かに強制されたものですか？　もしかすると「読んでください」と言われた人もいるかもしれませんが、ほとんどの人はそうではなく「これちょっと気になるから読んでみよう」と自主的に手に取っているはずです。ということは、今は「この本を読む」ということがやりたいことだったわけです。

本を読み終わったら何をしますか？　ほとんどの人は「次は何をしよう」なんて考えずに、何かに取りかかりますね。それが、あなたのやりたいことです。

正直に言えば「副業しないと」と、義務感で考えているような人は、たいてい「副業」を続けることができません。「お金がほしい」という動機ですら、お金が大好きで執着がある人でなければ長続きしません。

では、どういうものであれば長続きするのかといえば、「たとえ一時的に収入が減ってしまっても気にならないくらい好きなこと」です。

私自身がそうでした。お金目当てで始めた「副業」は、収入になるとわかっていても続ける気が起きず、けれども「教える系」の仕事は楽しかったので、まったく収入にならないブログでも毎日書き続けることができました。

「やりたいこと」というのはそういうもので、今まさに自分が「やりたい」と思ったことでいいのです。そして、「好きなこと」「やりたいこと」をずっとやっていれば、その狭い分野であなたはナンバーワンになるので、いずれお金はついてきます。

「それじゃあ、お金にならないよ」と思ってしまう場合は、それほど「やりたいこと」ではないのかもしれません。子どもがテレビゲームに夢中になるように、「やりたいこと」は「お金になるから」ではなく、ただ「やりたいから」続けられるのです。むしろそれをやるために「お金を払う」ことすらも厭《いと》わないものです。

私が、同業者のセミナーや講座に「お金を払って」参加していたのは、「マーケティング調査をしよう」という意識よりも、ただ「知りたい、勉強したい」からでした。とにかく、マーケティングやコーチングの知識を得るのが楽しくて仕方なかったのです。

ですから、極論を言えば、音楽がやりたければ音楽をやればいいし、ダンスをしたければダンスをすればいい。そして副業がしたければ副業をすればいいわけで、無理に副業をする必要はありません。

あなたはまったくの自由で、ただ自由に生きているだけで完全な存在です。さあ、この本を読み終わったら何をしましょうか？

おわりに

「副業」を始めてから成功した後のことまで、駆け足で説明してきました。

私自身が、派遣社員という何ももたない状況から、ウェブだけを頼りに「副業」を始めて、その事業を億超えまで成長させてきたので、説得力をもって語ることができたのではないかと考えていますが、いかがだったでしょうか。

みなさんに伝えたいことは他にも山ほどあるのですが、本にはページ数の制限があるので細かいことまで述べることはできませんでした。この本を読んで、私の仕事に興味をもたれた方は、ぜひインターネットで私の名前を検索して、そこに眠っている膨大な情報にアクセスしていただきたいと思います。


私の仕事は、みなさんのやりたいことをサポートすることです。

ですから「副業」をしたいという方には、その望むかたちで「副業」が成功するように全力でサポートしますし、「起業」したいという方には、「起業」で成功する方法をお伝えしています。

その中心にあるのは、みなさんそれぞれの「これがしたい」という気持ちなので、私のほうから「副業」は楽しいよとか、「起業」は最高だよといったことは言わないようにしています。

私自身は、「副業」から「起業」して、とても幸せな人生を送っていますが、誰もが同じように感じるわけではないとも思います。

けれども、一つだけ言えるのは、どんなかたちでもかまわないのですが、みなさんがやりたいことをやれる人生であってほしいということです。

そして、もしあなたが「副業」や「起業」をしたいと思ったのであれば、ぜひ今日からチャレンジしてみてください。

２０２１年10月吉日

株式会社マーケティングフルサポート　代表取締役　**仙道達也**

装幀　佐々木博則
カバーイラスト　Getty Images/bubaone
本文デザイン　印牧真和
図表作成　桜井勝志
編集協力　田島隆雄

《著者略歴》
仙道達也（せんどう・たつや）
株式会社マーケティングフルサポート代表取締役。マーケティングコンサルタント、プロデューサー。大分県出身。ミュージシャンを志して上京するも芽が出ず、フリーターで生活しながら、オンライン上での事業の差別化と集客ノウハウを独学で習得する。2014年に株式会社マーケティングフルサポートを設立。フリーランスになりたい人や起業したい人のためのWeb差別化や集客仕組み化を教える講座をはじめ、起業家、経営者向けのコンサルティング、プロモーション、広告代理などを実施。売上ゼロスタート、副業スタートの顧客が多い中、報告があるだけでも414名以上が100万～1,000万円以上の売上UPに成功。年商1,000万～1億円以上の起業家を170名以上輩出。業界トップクラスの記録を更新中（2021年9月時点）。Web初心者にも分かりやすい丁寧で親身な指導が評判を呼び、業界から注目を集めている。
著書に『世界一わかりやすい「差別化ブログ」起業術』（秀和システム）、『愛されフリーランスのすすめ 楽しく働いて仕事が途切れない私になる4つのルール』（幻冬舎メディアコンサルティング）等がある。

あなたの中に眠る才能を楽しくお金に変える！
「教える系副業」のはじめかた

2021年11月30日　第1版第1刷発行

著　者　　仙道達也
発　行　　株式会社ＰＨＰエディターズ・グループ
〒135-0061　東京都江東区豊洲5-6-52
☎03-6204-2931
http://www.peg.co.jp/
印　刷
製　本　　シナノ印刷株式会社

ISBN978-4-909417-82-4